AF608410

Über dieses Buch

All das, was wir sehen, hören und berühren, also die materielle Welt, scheint uns das Sicherste, was wir zu kennen glauben. Wir würden es für absurd halten, daran zu zweifeln. Warum auch?

Je mehr man jedoch versucht, das Selbstverständlichste und Sicherste unserer äußeren Wirklichkeit, eben die Materie, zu beschreiben und zu begreifen, desto mehr weicht diese einem grundlegenden Verständnis aus. Das zeigt sowohl die physikalische als auch die psychologische Herangehensweise an dieses Problem. Nur selten wird der Schleier gelüftet, hinter dem sich verbirgt, wie das Unbewusste die Objekte der Außenwelt konstruiert.

Während entsprechend der Quantenphysik dem Auftauchen von Materieteilchen potentielle Wahrscheinlichkeitsverteilungen vorausgehen, gibt es auch auf der Seite des Psychischen etwas, was der Realisierung im Bewusstsein vorausgeht: das Unbewusste. In diesem unbewussten Unbekannten verbirgt sich das Umformen von Merkmalen einer unbekannten Welt in die materielle Welt des Bewussten.

Aufgrund dieses quantenphysikalischen und tiefenpsychologischen Potentiellen lässt sich eine Reihe von vieldiskutierten und problematischen Sachverhalten besser verstehen, beispielsweise die Morphogenese von Organismen oder der quantenhafte Verlauf der Evolution. All dies lässt auf einen subjektiven bzw. mentalen Charakter der Materie schließen.

Hans Hönl

Wie wirklich ist die materielle Welt?

Vom Illusorischen des Materiellen
zu den Quantensprüngen der Evolution

Autor: Dr. Hans Hönl

Printed in Germany

Verlag: J. Kamphausen Mediengruppe GmbH, Bielefeld · www.tao.de

Bibliographische Information der Deutschen Nationalbibliothek: Die Deutsche Nationalbibliothek verzeichnet diese Publikation in der Deutschen Nationalbibliographie; detaillierte bibliographische Daten sind im Internet über http://dnd.d-nb.de abrufbar.

ISBN
Paperback: 978-3-95802-698-8
Hardcover: 978-3-95802-699-5
e-Book: 978-3-95802-700-8

Inhaltsverzeichnis

Vorwort

Uns ist die materielle Welt, d. h. das, was wir sehen, hören und begreifen, das Sicherste, was wir zu kennen glauben. Wir würden es für absurd halten, an der absoluten Wirklichkeit unseres Alltagslebens und des sonstigen zeitlichen Geschehens zu zweifeln. Warum auch?

Was hätten wir auch davon, wenn sich die materielle Welt als Illusion erweisen würde? Nur Unsicherheit. Dann lieber die altbekannte gewohnte Welt, auch wenn sie vielleicht hinterfragbar ist. Oder doch nicht?

Was ist der Preis für das, was man Wahrheit nennt? Unbequemlichkeit?

Schauen wir in frühere Zeiten oder auf andere Kulturen, dann wird das mit der Selbstverständlichkeit der materiellen Welt fragwürdiger. Deren illusionäres Erscheinungsbild war Thema abendländischer Philosophen und ist Thema fernöstlicher Weltanschauungen. Nur bei uns im Westen ist seit geraumer Zeit der Materialismus angesagt.

Aber selbst hier und gerade hier beginnt er zu erodieren. Strömungen in der modernen Physik und in den Kognitionswissenschaften lassen das Materielle zunehmend als Phänomen erscheinen. Geistiges, Ideelles kommt zum Vorschein. Die Konfrontation mit neuen wissenschaftlichen Erkenntnissen bringt wieder die alte Frage hervor: Ist Materielles primär oder Geistiges?

Wir ahnen es: Um zum Kern des Problems vorzustoßen, muss man sich mit dem, was man Materie nennt, beschäftigen. Und auf diese bezieht sich der Materialismus, der in der westlichen Zivilisation eine, wenn nicht die dominierende Weltanschauung ist. Zumindest gilt dies für die wissenschaftliche Welt, wo Begriffe des Mentalen bzw. Geistigen eher gemieden werden. Nicht nur als Lifestyle, sondern erst recht als Weltanschauung bezieht sich die materialistische Sicht letztendlich auf die Materie als Basis, von der sich alles andere ableitet.

Ob bzw. inwieweit dies gerechtfertigt ist, wurde lange Zeit und wird weiterhin diskutiert. Es lohnt sich, auch heutzutage und beim derzeitigen Kenntnisstand der Dinge, dieser Frage nachzugehen. Dazu ist es unvermeidlich, sich mit dem Begriff der Materie bzw. des Materiellen auseinander zu setzen.

1. Materielles

Wie schon gesagt, scheint eben diese Materie das Sicherste zu sein, was es gibt. Zumindest ist dies die Sicht des Materialismus. Im Gegensatz hierzu steht der Idealismus, der Ideelles bzw. Geistiges als primär voraussetzt. Nach allgemeinem Verständnis sollte Materie im Vergleich zu Geistigem bzw. Mentalem begrifflich leichter zu fassen sein als Geistiges. Dass dem nicht unbedingt so ist, zeigt schon ein Blick auf das Verständnis des Begriffs "Materie", wie es sich im Verlauf der Zeit entwickelt hat.

1.1 Philosophisches

Ein kurzer Rückblick auf die verschiedenen Deutungen des Materiebegriffs aus der Philosophiegeschichte der letzten Jahrhunderte, d. h. vom 17. bis ins 20, Jahrhundert, sollte genügen, um zu zeigen, wie facettenreich das Verständnis dieses Begriffs war und sein kann. Auch wenn sich das Wort "Materie" vom lateinischen Wort „materia“ ableitet, was so viel heißt wie Stoff oder Grundstoff - im Griechischen entspricht dies dem Wort „hylê“ - , so soll auf die Begriffsdeutungen des Altertums und auch die des Mittelalters verzichtet werden, denn es sollte ausreichen, sich auf die Ansichten einiger der bedeutendsten - und auch auf die einiger der weniger bedeutenden bzw. bekannten - Denker der Neuzeit zu beschränken. Es folgt daher weniger eine akribische, sondern eher eine schlaglichtartige Skizzierung der Deutung des Begriffs "Materie" im Verlauf der Neuzeit (Abb. 1).

Materie / Philosoph	Kennzeichen				Realität	
	räumlich (geformt, formbar)	undurch-dringlich (fest)	empfin-dungs-fähig	geistig bzw. lebendig	tatsächlich (real)	begrifflich (ideel)
Descartes (1596 - 1650)	+				+	
Malebranche (1638 - 1715)	+				+	
Spinoza (1632 - 1677)	+					
Giordano Bruno (1548 - 1600)	+	+				+
Campanella (1568 - 1639)	+					
Leibniz (1646 - 1716)		+				
Locke (1632 - 1704)		+				+
Berkeley(1685 - 1753)						+
Hume (1711 - 1776)						+
Lamettrie (1709 - 1751)					+	
Holbach (1723 - 1789)					+	
Diderot (1713 - 1784)			+		+	
Rousseau (1712 - 1778)			+		+	
Kant (1724 - 1804)	+	+				+
Lichtenberg (1742 - 1799)		+				+
Fichte (1762 - 1814)	+					+
Schelling (1775 - 1854)	+	+				
Oken (1779 - 1851)				+		
Ritter (1791 - 1869)				+		
Hegel (1770 - 1831)	+					
Rosenkranz (1805 - 1879)						+
Schopenhauer (1788 - 1860)	+					+
Lotze (1817 - 1881)	+	+				+
Hamerling (1830 - 1889)		+				+
Nietzsche (1844 - 1900)		+				
Du Prel (1839 - 1899)		+				
Du Bois-Reymond (1818 - 1896)		+				+
Überweg (1826 - 1871)		+				
Fechner (1801 - 1887)				+		+
Schuppe (1836 - 1913)	+					
Schubert-Soldern (1852 - 1924)	+					
Cohen (1842 - 1918)		+				
Ziehen (1862 - 1950)		+				+
Mach (1838 - 1916)			+			+
Ostwald (1853 - 1932)						+

Abb. 1: Interpretation von Materie in der Philosophie der Neuzeit

Diese setzt mit Descartes (1596 - 1650) an, der mit seinem Dualismus die Welt kategorisch in denkende Dinge („res cogitans“) und in ausgedehnte d. h. räumliche Dinge („res extensa“) aufteilt. Zwar ist von Dingen, und nicht von Materie die Rede, aber die Ausgedehntheit, d. h. die Räumlichkeit, als Charakteristikum der Materie weist schon in die Richtung, die später Malebranche (1638 - 1715) einschlägt, wenn dieser „matière“ und „l´étendue“ gleichsetzt. Auch für Spinoza (1632 - 1677) ist die Ausgedehntheit das wesentliche Merkmal der Materie.

Weniger im Gegensatz zum Geist wie bei Descartes, sondern vielmehr im Gegensatz zur Form definieren Giordano Bruno (1548 - 1600) und Campanella (1568 - 1639) die Materie. Letzterer sieht in ihr die „basis formarum“, also die Grundlage für Räumliches, ersterer setzt sie mit einer Substanz gleich, aus welcher die Natur in Formen gebracht wird. Die Materie ist demnach das Formlose und zugleich die Potenz der Formen. Sie ist das Konstante in den Dingen und kann nur begrifflich erkannt werden. Als Wirksamkeit ist sie von göttlicher Natur.

Mit Giordano Bruno kommt ein weiteres Merkmal der Materie in die Diskussion, nämlich die Festigkeit. Bei Locke (1632 - 1704) wird die Materie ähnlich bestimmt („an extended solid substance“), bei Leibniz (1646 - 1716) etwas anders, aber doch zu einem vergleichbaren Resultat führend, nämlich als dynamisch. Dynamisch im Sinne von Kraft aufweisend soll heißen, dass die Festigkeit bzw. die Undurchdringlichkeit als Widerstandskraft der Materie verstanden wird.

Aber Leibniz ist diesbezüglich durch etwas anderes bekannt geworden, nämlich durch seine Monadologie. Den Begriff der Monade hat zwar auch schon Giordano Bruno verwendet; Leibniz jedoch hat die Monade (monás: Einheit; Monade: unteilbare, einfache Substanz) neu definiert und davon ein eigenes System abgeleitet. Entscheidend für die Definition der Monade ist bei ihm der Gedanke, dass räumliche Dinge - res extensa im Sinne von Descartes - wegen ihrer Teilbarkeit bis ins Unendliche nicht die grundlegenden Elemente der Welt sein können. Solche Bausteine der Natur müssen unräumlich sein, um die Eigenschaft der Unteilbarkeit aufweisen zu können, d. h. es handelt sich bei den Monaden um metaphysische Elemente. Zudem weisen sie psychische Qualitäten auf, sodass man darunter auch so etwas wie Seelen verstehen kann. Sie unterscheiden sich hauptsächlich aufgrund ihrer abgestuften Erkenntnisfähigkeit.

Mehr oder weniger deutlich repräsentiert jede Monade das gesamte Universum. Mit besonderer Deutlichkeit repräsentiert sie aber vor allem den Körper, der ihr zugehört und dessen Zweckursache bzw. Entelechie sie ausmacht. Räumliches existiert nur als Phänomen. Insofern setzt sich nach Leibniz die Welt aus nichträumlichen psychischen Elementen zusammen, die in ihren unterschiedlichen Vorstellungen die räumliche Außenwelt als Phänomen projizieren und wahrnehmen. Hierbei sind die Dinge, die vorgestellt werden, auch ihrerseits vorstellend, sodass die Welt einen panpsychistischen Charakter aufweist.

Um wieder auf die Definition von Materie zurückzukommen, mag es vom heutigen Standpunkt aus rückblickend fraglich sein, ob die Festigkeit als Merkmal für die Materie wesentlich ist. Denn auch zur damaligen Zeit war man sich der Aggregatzustände der Materie bewusst und konnte wissen, dass Flüssigkeiten und Gase weder fest noch undurchdringlich sind. Nichtsdestoweniger sind beide Aggregatszustände Zustandsarten der Materie. Natürlich ist es billig, aus heutiger Sicht rückschauend Kommentare auf historische Aussagen abzugeben, aber da man - wie gesagt - seinerzeit die Eigenschaften von Flüssigkeiten und Gasen kannte und diese der Materie zurechnete, ist es problematisch, das Merkmal der Festigkeit als wesentlich für die Materie anzunehmen. Sicherlich weisen Flüssigkeiten und Gase Widerstandskräfte gegenüber Objekten auf (beispielsweise Strömungskraft, Windkraft, u.s.w.), aber Begriffe wie Festigkeit oder Undurchdringlichkeit sind in diesem Zusammenhang keine wesentlichen Merkmale von Materie. Einzig kennzeichnendes Merkmal sollte die Räumlichkeit sein.

Was Giordano Bruno angeht, so wird dessen Einsicht, dass Materie nur begrifflich verstanden werden kann, auch von späteren Philosophen vertreten. So ist für Locke Materie ein unklarer und problematischer Begriff; Materie ist eine Abstraktion vom Körper. Ebenso hält Hume (1711 - 1776) den Begriff der Materie für eine Fiktion.

Am weitesten geht Berkeley (1685 - 1753), der die Existenz von Materie gänzlich bestreitet. Letztere ist nichts als ein abstrakter Begriff. Weil sämtliche Qualitäten samt der Räumlichkeit nur subjektive Vorstellungen sind, bleibt für eine Materie kein Platz in der Realität.

Da Berkeley als erster Vertreter der neuzeitlichen Philosophie das Dasein der Materie gänzlich leugnet, soll auf seine Ansichten und auf seine Argumentation etwas ausführlicher eingegangen werden. Vor ihm hatte der schon erwähnte Locke die Eigenschaften der Dinge in solche erster Ordnung (primäre Eigenschaften, u. a. Ausdehnung oder Form) und in solche zweiter Ordnung (sekundäre Eigenschaften, u. a. Farbe oder Klang) aufgeteilt. Demgemäß sind die sekundären Eigenschaften nur im Bewusstsein, d. h. subjektiv, wahrnehmbar, während die primären Eigenschaften den Dingen objektiv angehören. Letzteres bestreitet Berkeley.

Denn um primäre Eigenschaften, beispielsweise Räumliches, wahrzunehmen, ist nach seiner Überzeugung die Wahrnehmung der sekundären Eigenschaften, beispielsweise Farbe und Helligkeit, notwendig. So lassen sich Ausdehnung und Form nicht erkennen, wenn keine Farb- oder Helligkeitsempfindungen vorliegen. Nach Berkeley sollte für die Wahrnehmung des Räumlichen das Gleiche gelten wie für die Wahrnehmung der anderen sinnlichen Eigenschaften, nämlich dass sie nur im Geist stattfindet. Da demnach das Räumliche im Geist entsteht, ist es überflüssig, es von einem Ding, einem Substrat oder einer Substanz außerhalb des Geistes abzuleiten. Materie besäße keine geistigen Qualitäten, d. h. sie wäre empfindungs- und wirkungslos sowie bar jeglicher geistiger Vorstellungen. Nach dem Prinzip, dass von etwas nur dann etwas ausgehen kann, wenn letzteres auch in ersterem enthalten ist, können von einer Materie, die definitionsgemäß keine Vorstellungen in sich hat, auch keine Vorstellungen auf etwas anderes - z. B. auf Geistiges - übertragen werden. Das Räumliche und das Materielle sind demnach nur im Bewusstsein. Es gibt also keine materielle Außenwelt, alles existiert im Geist. Soviel zu Berkeley, der in dieser Weise seinen Idealismus begründete.

Ganz anders stellt sich die Überzeugung der damaligen Materialisten wie Lamettrie (1709 - 1751) oder von Holbach (1723 - 1789) dar, welche die Materie für absolut real halten. Interessant ist die Ansicht von Diderot (1713 - 1784), welcher der Materie Empfindung zuspricht. Nach Rousseau (1712 - 1778) ist Materie das, was auf unsere Sinne einwirkt. Solche Ansichten dürften sich mit dem heutigen Materialismus, zumindest mit dem eliminativen Materialismus, welcher jegliches Geistiges bzw. Mentales leugnet, kaum vertragen.

Komplexer wird es bei Kant (1724 - 1804). Bei ihm ist der Begriff der Materie zugleich dynamisch und phänomenologisch geprägt. Dynamisch bedeutet bei ihm, dass die Materie das Resultat von Kräften ist, wobei die Abstraktion von der Erfahrung der Undurchdringlichkeit den Materiebegriff hervorbringt. Für Kant beinhaltet die Materie eine Kraft der „Zurückstoßung". Phänomenologisch bedeutet bei ihm, dass die Materie kein Ding an sich ist, sondern den Empfindungen, die dem wahrgenommenen Phänomen zugrunde liegen, „korrespondiert".

Auch zurzeit von Kant und nach Kant wird die Materie von vielen Philosophen dynamisch und phänomenologisch interpretiert. Dem abstrakten Begriff der Materie entsprechen bei Lichtenberg (1742 - 1799) empirisch lediglich Kräfte. Nach Fichte (1762 - 1814) ist die Materie das Produkt des „Ich", demnach „Nicht-Ich", und das, was den Raum ausfüllt. So interpretiert auch Schelling (1775 - 1854) die Materie, die - nach drei Dimensionen ausgedehnt - das Produkt entgegengesetzter Kräfte ist. Neues kommt bei Oken (1779 - 1851) hinzu, für den es keine tote Materie gibt, sondern nur Materie, die durch ihr Sein lebendig ist. Auch nach Ritter (1791 - 1869) gibt es keine Materie, der nicht ein inneres und geistiges Dasein entspräche. Für Hegel (1770 - 1831) ist die Materie das „positive Bestehen des Raumes“, für Rosenkranz (1805 - 1879) ist sie die „Äußerlichkeit der Idee“.

Entsprechend des Titels seines Hauptwerks „Die Welt als Wille und Vorstellung“ kann für Schopenhauer (1788 - 1860) die Materie nur Vorstellung und Objektivation des Willens sein, wobei unter letzterem ein das Weltgeschehen bestimmender blinder und vernunftloser Trieb zu verstehen ist. Die Materie ist „die bloße Sichtbarkeit des Willens, nicht aber dieser selbst“. Wie bei Kant ist sie nicht Ding an sich, sondern Phänomen. Sie ist nicht wie das Räumliche a priori gegeben, sondern tritt erst a posteriori in Erscheinung.

Zu einer dynamischen Interpretation neigt Lotze (1817 - 1881), für den die Materie ein System unausgedehnter Wesen ist, die dem Eindringen eines Fremden Widerstand leisten, wodurch die Erscheinung der Undurchdringlichkeit und der Raumerfüllung hervorgerufen wird. Ähnlich sieht es Hamerling (1830 - 1889), für den die Materie etwas Immaterielles ist, insofern sie nichts anderes als die Kombination von Wirkungen immaterieller Kräfte darstellt. Auch bei Nietzsche (1844 - 1900), Du Prel (1839 - 1899) und Du Bois-Reymond (1818 - 1896) finden sich dynamische Betrachtungsweisen, wobei für letzteren Materie und Kraft nur Abstraktionen der Dinge ohne eigene Existenz sind. Nach Überweg (1826 - 1871) sind Materie und Kraft nur zwei verschiedene Auffassungsweisen des Seins; Materie ist sinnlich angeschaute Kraft. Fechner (1801 - 1887) geht noch weiter, indem er die Materie als die Erscheinung dessen betrachtet, was an sich geistig ist. Es erinnert an Spinoza, wenn nach Fechners Verständnis Geistigem und Materiellem ein und dasselbe Wesen zugrunde liegt.

Auf die sinnliche Wahrnehmung wird der Materiebegriff bei Schubert-Soldern (1852 - 1924) reduziert, der die Materie als „ein räumliches Zusammen sinnlicher Qualitäten" definiert, oder bei Schuppe (1836 - 1913), für den Materie ein „mit Sinnesqualitäten erfüllter Raum" ist. Nach Cohen (1842 - 1918) stellt die Materie „objektivierte Empfindung" dar, nach Ziehen (1862 - 1950) ist sie eine Hypothese, die zu den Empfindungen und Vorstellungen als Ursache hinzugedacht wird. Für Mach (1838 - 1916) ist die Materie nur ein „Gedankensymbol für Empfindungen", insofern die Annahme eines Stoffes als Träger von Kräften pure Illusion ist. Ähnlich denkt Ostwald (1853 - 1932), der den Begriff der Materie ganz eliminieren und durch den der Energie ersetzen will. Für ihn ist Materie nichts anderes als ein räumlich zusammengesetztes Ensemble verschiedener Energiearten.

Mit dem Physiker Mach und dem Chemiker Ostwald gerät die philosophische bzw. naturphilosophische Deutung des Materiebegriffs in ein Fahrwasser, in dem sich zunehmend auch Naturwissenschaftler beteiligen. Später werden wir sehen, was sich aus der Perspektive der Naturwissenschaft zum Thema Materie sagen lässt.

Doch vorher bietet es sich für naturphilosophische Neueinsteiger an zu versuchen, ein Resümee bezüglich des skizzierten Rückblicks auf die verschiedenen Deutungen des Materiebegriffs aus der Sicht der Philosophie der letzten Jahrhunderte zu ziehen. Es dürfte kein Fehler sein, diese keinesfalls vollständige Rückschau bezüglich der Kennzeichen, mit der die Materie von den jeweiligen Interpreten charakterisiert wurde, und bezüglich deren Ansichten, ob die Materie als objektive Tatsache oder lediglich als Begriff zu verstehen ist, zusammenzufassen.

Was die Kennzeichen der Materie angeht, also deren wesentliche Merkmale, zeigt sich, dass schon bald zur Räumlichkeit (Descartes, ...) die Undurchdringlichkeit (Giordano Bruno, ...) hinzukommt. Auf die Problematik des letzteren Charakteristikums war schon eingegangen worden; Widerstandsfähigkeit wäre der geeignetere Begriff. Auf jeden Fall leiten sich beide charakteristischen Kennzeichen von sinnlichen Empfindungen wie visueller Sinn und Tastsinn ab (Abb. 2), welche - entsprechend Kant - durch die Anschauungsform des Räumlichen strukturiert werden.

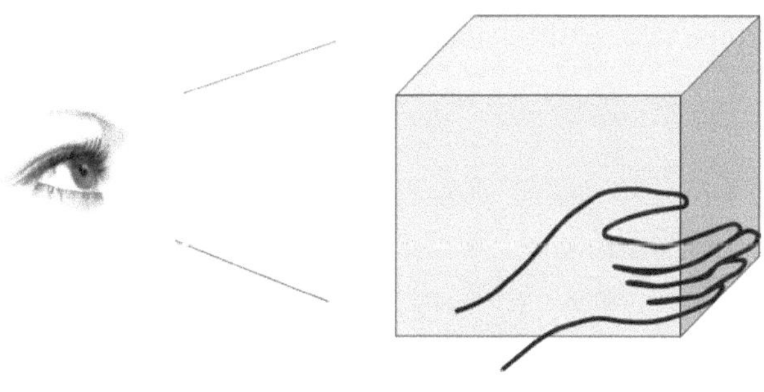

Abb. 2: Visueller Sinn und Tastsinn vermitteln Räumlichkeit und Widerstandsfähigkeit

Interessant ist, dass bei Diderot und Rousseau die Materie als empfindungsfähig und empfindungsstimulierend angesehen wird. Noch weiter gehen Oken, Ritter und Fechner, die der Materie geistige bzw. lebendige Qualitäten zuweisen. Ohne aus diesem Kaleidoskop von Deutungen der Materie eine stringente Tendenz herauslesen zu wollen, lässt sich zumindest so viel ableiten, dass der Materiebegriff vieldeutig ist. Das sicherste und ursprünglichste Kennzeichen der Materie bleibt die Räumlichkeit. Bei der Frage, ob Materie als Tatsache oder als Begriff aufzufassen ist, genügt ein Blick auf die oben aufgeführten Philosophen (Abb. 1), die sich zu diesem Thema geäußert haben, um zu erkennen, dass im zeitlichen Verlauf des Verständnisses von Materie der Trend eher in Richtung Begriff geht.

Auch wenn die Materie hierbei als Abstraktion oder Fiktion verstanden wird, dient sie nichtsdestoweniger der auf ihr basierenden Weltanschauung, dem Materialismus, als reale Grundlage. Der Materialismus wiederum beruft sich, zumindest was einen Teil seiner Anhänger angeht - zu Recht oder zu Unrecht - , auf eine grundlegendere Denkrichtung, den Positivismus.

1.1.1. Positivismus

Schauen wir noch einmal auf die Geschichte der Philosophie zurück, so gibt es Epochen, in denen der Materialismus auftaucht - beispielsweise im Altertum bei Demokrit, in der Zeit der Aufklärung bei den französischen Materialisten wie Lamettrie oder Holbach, im 19. Jahrhundert bei Feuerbach oder Büchner und natürlich heutzutage - und es gibt Epochen, in denen er weniger dominiert und andere Denkrichtungen en vogue sind, die sich eher der Metaphysik zuordnen lassen. Weshalb dieses Auf- und Abtauchen des Materialismus?

Es könnte mit dem Urproblem der Erkenntnistheorie zu tun haben, nämlich mit der Frage, ob sich die Erkenntnis nur auf das Wahrnehmbare beschränken soll oder ob sie auch mögliche der Wahrnehmung zugrunde liegende Hintergründe miteinbeziehen darf. Sicheres Wissen oder spekulatives Philosophieren?

Beschränkt man sich nur auf die neuzeitliche Philosophiegeschichte, so ist die erstgenannte Denkrichtung, die das Wahrnehmbare nicht überschreitet, im Empirismus eines Locke oder im Positivismus eines

Compte wiederzufinden (positivistisch: nur das Gegebene anerkennend). Die Leitidee dieser Denkrichtung ist die Aussage, dass es nur Erkenntnis von Phänomenen gibt und dass es gilt, die Gesetze dieser Phänomene kennen zu lernen, um daraus Voraussagen machen zu können: savoir pour prévoir. Metaphysisches ist zu vermeiden.

Der im Verlauf der Jahrhunderte abnehmende Bedeutungsverlust der Philosophie, der ehemaligen Königin der Wissenschaften (Plato) und das zunehmende Ansehen der Naturwissenschaften, das sich mit der immer weitergehenden Technisierung der Alltagswelt auch im allgemeinen Bewusstsein manifestiert hat, haben tendenziell zu einem allmählichen Übergang von metaphysischem in positivistisches Denken geführt (Abb. 3).

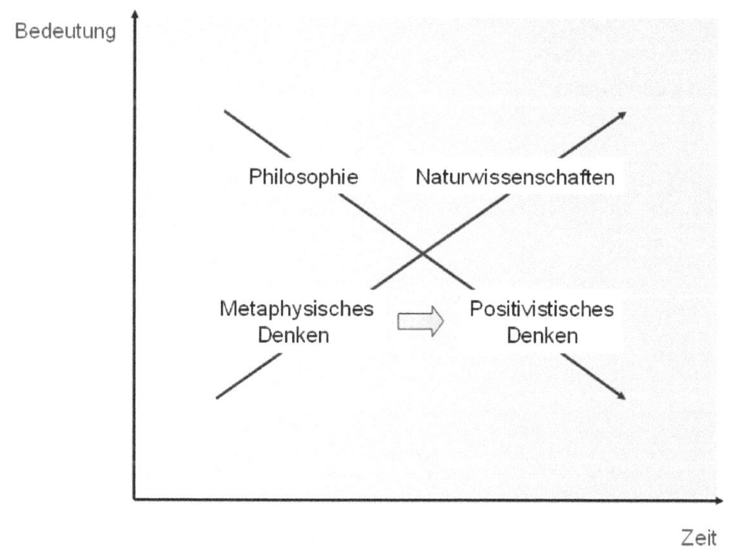

Abb. 3: Metaphysisches und positivistisches Denken

Ohne auf eine weitere Untergliederung dieses Prozesses, wie sie der erste positivistische Philosoph Comte vorgenommen hat, näher einzugehen, soll es genügen, auf die wichtigsten Prinzipien des Positivismus in seiner klassischen Phase (Comte, Mill, ...) einzugehen. Vor allem folgende Prinzipien charakterisieren diese Denkungsart:

1. Szientismus, was bedeutet, dass sich das Erkenntnisideal an den Ergebnissen und Methoden der Naturwissenschaften orientiert. Den Philosophen der vergangenen Jahrhunderte war nicht verborgen geblieben, dass die Philosophie trotz ihrer über 2000 jährigen Geschichte keinen erkennbaren Fortschritt vorweisen konnte. System folgte auf System oder wie Kant es ausdrückte: „es sei ein bloßes Herumtappen gewesen".

So vernünftig die Hinwendung der Erkenntnis auf das wissenschaftlich Gegebene sein mag, so darf nicht vergessen werden, dass es noch andere Erkenntnisformen gibt, die eher subjektiver Art sind. Hier gilt es, das Augenmaß zu bewahren.

2. Empirismus beruht auf der Forderung, dass für Aussagen über die Wirklichkeit nur die sinnliche Wahrnehmung herangezogen werden kann. Daraus resultieren beobachtbare und messbare Sachverhalte, die zu den theoretischen und praktischen Erfolgen der Naturwissenschaften geführt haben. Dagegen ist es unmöglich, durch reines Denken oder durch Spekulation zu Aussagen über die Wirklichkeit zu gelangen.

Allerdings wird die innere Wahrnehmung, beispielsweise die von Gefühlszuständen, mehrheitlich von den Positivisten abgelehnt, was die Ausklammerung eines Teils der Wirklichkeit bedeutet. Auch dass die sinnliche Wahrnehmung der Außenwelt letztendlich auf inneren Prozessen beruht (Hirnströme, Aktivität von Kortexarealen), welche die Außenwirklichkeit konstruktiv projizieren, hinterlässt offene Fragen.

3. Intersubjektivität soll heißen, dass behauptete Sachverhalte von verschiedenen Personen überprüft werden können. Elitäre Erkenntnisquellen werden nicht zur Theorienbildung zugelassen.

Hierbei werden andererseits eigenpsychische Einzelerlebnisse ausgeblendet. So sind beispielsweise der Schulwissenschaft widersprechende Phänomene aus dem Bereich der Grenzwissenschaften, die kaum intersubjektiv überprüft werden können, nicht Teil der Wirklichkeit.

4. Antimetaphysik bedeutet, dass metaphysische Aussagen aus allen Bereichen der Erkenntnis eliminiert werden. Aber was ist Metaphysik?

Der Begriff "Metaphysik" ist - wie viele philosophische Begriffe - vage und mehrdeutig. Obwohl in der Philosophie keine einheitlichen Vorstellungen über das bestehen, was Metaphysik eigentlich ist, dürfte zumindest so viel allgemein anerkannt sein, dass Metaphysik über das hinausführen will, was mit wissenschaftlichen Methoden prinzipiell unerreichbar ist. Das war seinerzeit eine Auszeichnung, als die Metaphysik bzw. die Philosophie noch als die Königin der Wissenschaften galt, heutzutage ist es eher ein Makel und für die Positivisten kommt es einem Todesurteil für die Metaphysik gleich, deren Aussagen nicht empirisch überprüfbar sind.

Aber auch hier ist Vorsicht geboten. Selbst in der Physik, der Vorzeigewissenschaft des Positivismus, haben sich metaphysische Begriffe eingeschlichen. Mach - Physiker und Empirist, genauer Empiriokritizist - erkannte, dass der absolute Raum und die absolute Zeit in der Newtonschen Physik metaphysische Begriffe sind. Empirisch überprüfen lassen sich beide Vorstellungen nicht.

Wohin allerdings rigorose Antimetaphysik führen kann, zeigt die Konsequenz, welche die Machsche Aversion gegen metaphysische Vorstellungen zur Folge hatte. Mach lehnte die Atomtheorie, d. h. die Theorie von nicht sichtbaren Entitäten, vorbehaltlos ab. Als mathematisches Modell mochte diese akzeptabel sein, wer aber an die Existenz von Atomen glaube, begebe sich auf das nebelige Gebiet empirisch nicht überprüfbarer metaphysischer Spekulation.

Anhand dieser vier wichtigsten Prinzipien des klassischen Positivismus wird klar, dass zwar aufgrund des Ausschaltens von metaphysischen Spekulationen und des Zugrundelegens von empirischen Befunden als Basis positivistischer Aussagen gesichertes Wissen möglich ist, dass dies aber auf Kosten des Ausblendens von Wissen erkauft wird, welches auf subjektiver Erfahrung beruht. Was nicht intersubjektiv überprüft werden kann, wird nicht in den positivistischen Wissenskanon aufgenommen. Zudem kann rigoroses Unterbinden von spekulativem Denken (siehe Mach´s Ablehnung der Atomtheorie) Fortschritte in der Wissenschaft hemmen und blockieren.

Auf den Punkt gebracht hat der Positivismus - wie so vieles andere auch - seine zwei Seiten: vorteilhaft der ausschließliche Bezug auf tatsächlich Gegebenes, nachteilig das Ausblenden subjektiver Einzelerfahrung (Abb. 4). Wie bei der Medizin sind auch bei dieser Methode - und der Positivismus ist eine Methode - die Nebenwirkungen nicht zu vernachlässigen.

	Pro	Contra
Szientismus	Naturwissenschaftliche Methodik	Vernachlässigung subjektiver Erkenntnis
Empirismus	Sinnliche Wahrnehmung als Erkenntnisquelle	Ausklammern innerer Wahrnehmung
Intersubjektivität	Allgemeine Überprüfbarkeit	Ausblenden eigenpsychischer Einzelerlebnisse
Antimetaphysik	Eliminierung nichtüberprüfbarer Aussagen	Unterdrückung wissenschaftlicher Kreativität

Abb. 4: Prinzipien des klassischen Positivismus

Nach der klassischen Phase des Positivismus (Comte, Mill, …) wurde dieser noch konsequenter, um nicht zu sagen noch radikaler. Er ging in den 1920er und 1930er Jahren in den Neopositivismus über, welcher vor allem die Ansichten des so genannten Wiener Kreises (Carnap, Schlick, …) wiedergab. Logik und Mathematik (letztere ist nach Russell und Whitehead aus ersterer ableitbar) wurden in das neopositivistische System übernommen, allerdings als tautologische Formalwissenschaften, die keine Erkenntnisse über die Wirklichkeit liefern, daher auch die alternative Bezeichnung für die neue Richtung: Logischer Empirismus.

Man war sich bewusst, dass man, um Empirismus und Metaphysik noch konsequenter als bisher trennen zu können, an den Kern der Erkenntnis herankommen musste. Dies ist die persönliche bzw. die - wie sich die Neopositivisten ausdrückten - eigenpsychische Erfahrung. Da diese aber intersubjektiv prinzipiell nicht kommunizierbar ist (Wie soll man den Farbeindruck „Blau“ beschreiben?), bleibt nur die Möglichkeit, solche Eigenerlebnisse in so genannten Protokollsätzen, die diese Einzelerfahrungen protokollieren, wiederzugeben. Von diesen davon abgeleiteten komplexeren Sätzen versuchten nun die Neopositivisten zu Aussagen über die Wirklichkeit zu gelangen, was aber - um es vorwegzunehmen - letztendlich gescheitert ist. Das Dilemma liegt u. a. in der Nichtübereinstimmung von Wirklichkeit einerseits und Aussagen über die Wirklichkeit andererseits, von Einzelerlebnissen einerseits und Mitteilungen über Einzelerlebnisse andererseits. Der Neopositivismus wollte den Schwierigkeiten sprachanalytisch ausweichen, hat sich aber im Netz der Sprachanalytik verfangen.

Nichtsdestoweniger ist dem Neopositivismus zugute zu halten, dass er konsequent an der empirischen Erfahrung festgehalten hat und dass er nicht entschieden hat, ob es in der Außenwelt Materie gibt oder nicht. Für den Neopositivismus sind Materialismus und Idealismus gleichermaßen spekulative Weltanschauungen (Abb. 5). Es ist problematisch, den Positivismus bzw. den Neopositivismus für den direkten Wegbereiter des Materialismus zu halten.

Wissenschaftlich	Unwissenschaftlich
Protokollsätze von eigenpsychischen Einzelerlebnissen	Schlussfolgerungen bezüglich Materialismus und Idealismus

Abb. 5: Neopositivismus

Laut Carnap, der wohl konsequenteste Denker des Neopositivismus, vermag die Wissenschaft keine Mittel bereitzustellen, um eine Entscheidung zwischen Materialismus und Idealismus zu treffen. Demnach lässt sich weder der Materialismus noch der Idealismus wissenschaftlich begründen. Entsprechend Carnap „gehört der Begriff der Wirklichkeit (im Sinne der Unabhängigkeit vom erkennenden Bewusstsein) nicht in die rationale Wissenschaft, sondern in die Metaphysik“. Aussagen über das Verhältnis von Materie und Bewusstsein lehnt der Neopositivismus als unwissenschaftlich ab. Nach Carnap ist es wissenschaftlich nicht zu begründen, dass es eine Realität außerhalb des Bewusstseins gibt.

Soviel zum positivistischen Denken, welches das Geist-Materie-Problem ausklammert bzw. es als unwissenschaftlich ansieht, eine Rechtfertigung für den Materialismus oder den Idealismus zu geben.

Insofern ist der Neopositivismus einem methodischen Solipsismus (Carnap) nicht unähnlich. Man fühlt sich an Descartes erinnert, der bei allen Zweifeln bezüglich dessen, was ist, das Ich des „Cogito ergo sum" als letzte sichere Bastion der Erkenntnis annahm.

1.1.2. Materialismus

Was Positivismus und Materialismus gemeinsam haben, ist der Verzicht auf metaphysische Spekulationen. Die materialistische Position soll unangreifbar sein. Wenn es nur nicht ein Problem gäbe, nämlich den Umstand, dass im Materialismus das Ich, das Subjekt, das Bewusstsein - man mag es nennen wie man will - unterschätzt, übersehen oder ausgeklammert wird.

Da schon die Deutungen der Materie vielfältig waren und sind, ist es nicht überraschend, dass es eine noch größere Vielfalt an Varianten des Materialismus gibt. Nichtsdestoweniger ist es kaum der Mühe wert, die historische Entwicklung der unterschiedlichen Arten des Materialismus akribisch nachzuvollziehen, als vielmehr die wichtigsten Typen dieser Weltsicht - und davon genügen drei - hinsichtlich ihres Inhalts zu skizzieren. Hierbei ist die entscheidende Frage stets, wie der jeweilige Ideologietyp mit dem umgeht, was unter Geistigem verstanden werden kann. Es gibt weichere, konziliante und härtere, stringente Varianten.

Die wohl konzilianteste und pragmatischste Spielart des Materialismus dürfte die Identitätstheorie sein, welche besagt, dass geistige/psychische Phänomene identisch sind mit den entsprechenden materiellen/physischen Phänomenen. Warum sollten beispielsweise nicht der Kopfschmerz und die im Gehirn stattfindenden Hirnströme ein und dasselbe Phänomen sein? Damit wäre der leidige Disput beendet, wie eine kausale Beeinflussbarkeit zwischen Geistigem und Materiellem möglich ist. Ein bedeutender Schritt zur Lösung des traditionellen Geist-Materie-Problems wäre getan.

Wäre. Die Schwierigkeit liegt in der Gleichsetzung.

Identität bedeutet vollständige Übereinstimmung in allen Merkmalen. Letztendlich kann ein Gegenstand nur mit sich selbst identisch sein (Leibniz: principium identatis indiscernibilium). Selbst wenn „Gegenstand" durch „Phänomen" oder „Vorgang" ersetzt wird: Können Schmerz und entsprechende Hirnströme identisch sein?

Hierbei kann davon ausgegangen werden, dass solche psychophysischen Korrelationen seit Beginn der 90er Jahre des 20. Jahrhunderts nachgewiesen sind. Hierzu wurden und werden Methoden angewandt, die die neuronale Aktivität sowohl einzelner als auch sehr vieler Nervenzellen erfassen. Mit Hilfe von Mikroelektroden werden beispielsweise die Aktionspotenziale einzelner Nervenzellen registriert. Bei der EEG (Elektroenzephalographie) wird die elektrische Aktivität der Großhirnrinde vermessen, während die MEG (Magnetenzephalographie) die magnetischen Felder aufnimmt. Die Zeitauflösung beider Methoden liegt im Millisekundenbereich; die Lokalisation der Aktivitäten ist allerdings relativ ungenau. Deutlich besser ist die lokale Auflösung der PET (Positronen-Emissions-Tomographie); hierbei wird nicht die elektrische Aktivität gemessen, sondern letztendlich der Hirnstoffwechsel. Letzteres gilt im Prinzip auch für die fMRT (funktionale Magnetresonanztomographie), die die PET in der Zeitauflösung übertrifft.

Mit Hilfe dieser Methoden kann nachgewiesen werden, dass bestimmten psychischen Vorgängen neuronale Aktivitätszustände in bestimmten Bereichen des Gehirns räumlich und zeitlich entsprechen. Soll beispielsweise der kognitive Vorgang des Erfassens eines Wortsinns dargestellt werden, lässt sich dies mittels PET oder fMRT mit Hilfe der sogenannten Substraktionsmethode bewerkstelligen: Eine Versuchsperson wird aufgefordert, im ersten Durchgang eines Versuchs bestimmte Worte rein mechanisch zu lesen, während sie im zweiten Durchgang zusätzlich über die Bedeutung der Worte nachdenken soll. Zieht man die Aktivitätsmuster und deren Intensitäten voneinander ab, erhält man die Darstellung der neuronalen Aktivitätszustände, die dem Erfassen des Wortsinns entsprechen. Mittlerweile gibt es eine große Anzahl weiterer experimenteller Befunde, die zeigen, dass subjektive Wahrnehmungsinhalte eine Entsprechung auf der Ebene der Aktivität einzelner Nervenzellen haben.

Diese Abschweifung in die Neurowissenschaften lässt es als sehr wahrscheinlich erscheinen, dass eine psychophysische Korrelation existiert. Das war nicht immer so. Selbst wer sich in den 80er Jahren des 20. Jahrhunderts mit der Philosophie des Geistes auseinandersetzte, musste eine solche Korrelation noch postulieren.

So erfreulich der Fortschritt auf der wissenschaftlichen Seite ist, auf der philosophischen Seite ist seitdem kein Durchbruch zu erkennen. Die von der Identitätstheorie aufgestellte Behauptung, dass geistige/psychische und materielle/physische Phänomene identisch sind, bleibt nach wie vor fraglich. Wie die Befunde der Neurowissenschaften, die für eine psychophysische Korrelation sprechen, zeigen, kann die Identitätstheorie nicht allzu weit von der Lösung des Geist-Materie-Problems liegen. Lediglich der Begriff Identität ist problematisch.

Wenn schon nicht identisch, vielleicht ist Geistiges auf Materielles reduzierbar, also rückführbar? Das postuliert der reduktive Materialismus. Demnach sollten sich geistige Phänomene auf materielle Entitäten - Objekte, Eigenschaften, Ereignisse - reduzieren lassen.

Ob sich allerdings Geistiges auf Materielles, Psychisches auf Physikalisches ohne weiteres reduzieren lässt, ist mehr als fraglich. Denn wenn sich schon innerhalb der Physik Reduktionen von Begriffen und Theorien als schwierig und – selbst da, wo sie erwartet werden könnten - undurchführbar erweisen, um wie viel mehr sind Zweifel im Fall von interdisziplinären Reduktionen angebracht.

Hierbei ist unter Reduktion zu verstehen, dass eine spezielle Theorie auf eine allgemeinere Theorie zurückgeführt werden kann, was einer Erklärung der speziellen Theorie durch die allgemeinere Theorie gleich kommt. Beispielsweise lässt sich die geometrische Optik auf die Theorie des Elektromagnetismus zurückführen: Die Lichtstrahlen werden mit den Wellennormalen der elektromagnetischen Wellen in Zusammenhang gebracht, womit sich letzten Endes die Gesetze der geometrischen Optik (Reflexion, Brechung) von der elektromagnetischen Theorie ableiten lassen. Weitere Beispiele sind die Reduktion der nichtrelativistischen auf die relativistische Mechanik oder die Reduktion des Galileischen Fallgesetzes auf das Newtonsche Gravitationsgesetz.

Aber schon die Reduktion makroskopischer Phänomene auf die Mikrophysik (Quantentheorie) ist streng genommen nicht möglich. Unter anderem müssten nichtlineare Differentialgleichungssysteme mit enorm vielen Variablen gelöst werden. Die Chaostheorie hat schon Probleme mit 3 bis 4 Variablen. Neben den methodischen gibt es noch prinzipielle Gründe für die Nichtreduzierbarkeit, die in der Struktur der Theorien liegen. Die Festkörperphysik lässt sich nicht auf die Theorie der atomaren Bestandteile reduzieren und dies ist auch für die Zukunft nicht zu erwarten. Ähnliche Beispiele zeigen, dass die Physik ein

Konglomerat von vielfältig miteinander verbundenen Bereichstheorien ist, die nur teilweise durch Reduktionen explizit überführbar sind.

Wenn es schon innerhalb der wohl exaktesten Naturwissenschaft, der Physik, schwierig bzw. unmöglich ist, Reduktionen durchzuführen, scheint jeglicher Versuch, Psychisches auf Physisches zu reduzieren, mehr als fragwürdig.

Es bleibt noch die strikteste Spielart des Materialismus, der eliminative Materialismus, welcher jegliche geistige Entitäten ausschließt (Abb. 6). Von seinen Anhängern wird gefordert, diesbezügliche Begriffe aus dem Sprachgebrauch zu eliminieren und nur noch ein rein materialistisches Vokabular zu benutzen. Basis für diese Theorie ist vor allem der schon erwähnte Physikalismus, d. h. der Glaube, mit Hilfe der Sprache der Physik die gesamte Welt beschreiben zu können. Wenn Geistiges nicht existiert, sind - streng genommen - Beschreibungen entsprechender Vorgänge falsch. An Stelle von Gedanken, Schmerzen, Stimmungen gibt es nur noch Hirnprozesse.

Identitäts-theorie	Materielles	=	Geistiges
Reduktiver Materialismus		⟶	
Eliminativer Materialismus		↛	

Abb. 6: Spielarten des Materialismus

1.1.3. Physikalismus

Der oben erwähnte Physikalismus entwickelte sich aus dem bereits skizzierten im Wiener Kreis beheimateten Neopositivismus. Vor allem zwei seiner Vertreter, Carnap und Neurath, prägten den Physikalismus durch eine Reihe von wegweisenden Aufsätzen. Demnach existieren nur Entitäten, also Objekte, Eigenschaften und Ereignisse, welche von der Physik beschrieben werden. Konsequenterweise hat diese Weltsicht zum Ziel, alle Erfahrungswissenschaften in einer einheitlichen physikalistischen Wissenschaftssprache auszudrücken. Geistiges bzw. ein immaterielles Bewusstsein werden abgelehnt.

Als problematisch für den Physikalismus hat sich die Tatsache der Existenz von subjektiven Empfindungsinhalten - Qualia - erwiesen, wobei diese Qualia, also phänomenale Qualitäten des subjektiven Erlebens (Farben, Töne, Schmerzen, ...), sich nicht von Zuständen physikalischer Größen ableiten lassen (Chalmers, Penrose). Hierüber und über die Leugnung von mentalen Gegebenheiten hat der Disput im Pro- und Contra-Lager des Materialismus nicht aufgehört (Abb. 7). Ob es lohnend ist, sich in die Qualia-Debatte zu vertiefen, sei dahingestellt; es sollte möglich sein, auch ohne diese Auseinandersetzung zu einer eigenen Entscheidung zu gelangen.

Physikalismus	
Pro	Contra
Solides Fundament, basierend auf den Gesetzen und Entitäten der Physik	Ausblenden bzw. Leugnen geistiger Vorgänge und Entitäten (Qualia)
Erfolgreiche Beschreibung der materiellen Außenwelt	Beschreibung der geistigen Innenwelt nicht möglich

Abb. 7: Aspekte des Physikalismus

Über Qualia (Qualitäten des subjektiven Empfindens) kann die Physik keine Aussage machen; sie ist die Wissenschaft der Quantitäten. Diese sind raumzeitlich bestimmbar, was der Messung physikalischer Größen gleichkommt. Qualitative und quantitative Beschreibung sind nicht konträr, sondern komplementär.

Nichtsdestoweniger versuchen die Vertreter des Physikalismus durch aufwendige Formulierungen und mittels Sprachanalytik zu zeigen, dass Psychisches und Physisches, also beispielsweise Empfindung und Gehirnprozess, identisch sind (Rorty). Korrelation wird durch Identifikation ersetzt. So wird von einer zukünftigen Wissenschaft erwartet, dass sie empfiehlt, die Aussage „Ich habe Schmerzen" durch die Aussage „In meinem Gehirn feuern Nervenfasern“ zu ersetzen. Es ist ein Merkmal des Physikalismus, dass er die essenzielle Subjektivität psychischer Zustände negiert (Nagel).

Ein weiteres Problem für den Physikalismus besteht in der Verabsolutierung der Physik. Diese hat sich zwar in der Beschreibung der raumzeitlichen Außenwelt bestens bewährt, es dürfte aber fraglich sein, ob sie zur Beschreibung des Weltganzen nicht einfach überfordert ist. Das gilt einerseits für das, was man Mentales, Geistiges oder Bewusstsein nennt, zum anderen aber auch für das, was eine befriedigende Erklärung der Lebensvorgänge sein könnte.

Schließlich gilt es zu bedenken, dass der Physikalismus, der die am präzisesten definierte Spielart des Materialismus ist, entsprechend der klassischen Physik entwickelt wurde, während heutzutage die Quantentheorie als die Basis der Physik angesehen wird. Letztere ist nicht nur die exakteste Disziplin der Physik, sie weist auch bezüglich der Interpretationen ihrer Resultate subjektive Züge auf. Der Beobachter steht nicht abseits des Geschehens, sondern ist in ihm eingebunden.

1.2. Physikalisches

Damit gelangt das, was man Materie nennt, in die Betrachtungsweise der Physik. Von ihr, deren Aufgabe die Beschreibung der materiellen Außenwelt ist, sollte man Näheres erfahren. Hierbei ist es ratsam, sich klar zu machen, dass die Physik Aussagen über Quantität, nicht über Qualität macht. Quantität im Sinne von raumzeitlich Messbarem, Qualität im Sinne von Qualia.

Doch um es gleich vorwegzunehmen: Aus physikalischer Sicht hat man bezüglich des Begriffs der Materie nicht viel zu erwarten. In den meisten Lehrbüchern der Physik taucht dieser Begriff kaum auf, nicht zuletzt deswegen, weil er physikalisch nicht definiert ist. Zur Entschädigung muss man sich mit dem Begriff der Masse begnügen, welche dann aber präzise bestimmt ist. Festzuhalten bleibt auch, dass diese als Eigenschaft und nicht als Substanz definiert ist. Als Eigenschaft von räumlichen Objekten.

1.2.1 Klassische Physik

In der klassischen Physik fungiert die Masse zum einen als träge Masse, insofern sie einer auf das fragliche Objekt einwirkenden Kraft Trägheit entgegengesetzt. Allgemein ist diese von Newton aufgestellte Definition bekannt als Proportionalität von Kraft und Beschleunigung bzw. aufgelöst zur Definition der Masse lautet die Beziehung:

$$m = K / b$$

Je größer die Kraft (K) ist, um eine gewisse Beschleunigung (b) eines Objekts hervorzubringen, desto größer ist die Masse (m) des beschleunigten Objekts.

Zum anderen weisen Objekte die Eigenschaft der schweren Masse auf, d. h. sie unterliegen der Schwerkraft, was sich auf der Erde als deren Gewicht auswirkt. Träge und schwere Masse sind gleich, wobei sich für letztere folgende Beziehung ergibt:

$$m = G / g$$

Unter Berücksichtigung der für die Erde geltenden Gravitationskonstanten g bedeutet dies, dass die Masse (m) eines Objekts umso größer ist, je größer dessen Gewicht (G) ist.

Mit dieser eher schulmeisterlichen Abschweifung in die klassische Physik sollte nur gezeigt werden, dass es zwar präzise Definitionen der Masse gibt, also Definitionen der Eigenschaft von räumlichen Objekten. Über den Begriff der Materie jedoch, also über das, was von philosophischem Interesse ist, sagt die klassische Physik eher weniger aus.

Das muss auch nicht verwundern. Denn mit der definierten und messbaren Größe der Masse lässt sich physikalisch gut umgehen. Sie ist objektiv bestimmbar. Dagegen resultiert der Begriff der Materie aus der Konfrontation des Individuums mit der sinnlich wahrnehmbaren Außenwelt, ein eher subjektives Phänomen.

1.2.2. Relativitätstheorie

Möglicherweise bietet die Relativitätstheorie mehr, zumindest was die Begrifflichkeit der Masse angeht. Denn im Verständnis dieser Theorie ist die Masse nichts mehr Konstantes, was einem Objekt als unveränderbare Eigenschaft anhaftet, sondern sie kann sich verändern. Und das in zweierlei Hinsicht.

Zum einen lässt die allseits bekannte Einstein'sche Formel der Masse-Energie-Äquivalenz ($E = mc^2$) die Umwandlung von Masse in Energie zu. Aufgrund dieser Definition:

$$m = E / c^2$$

und der Umkehrmöglichkeit dieser Relation, d. h. der Umwandlung von Energie in Masse, lässt sich Masse als verdichtete Energie verstehen. Inwieweit sich diese Ansicht auf die Materie übertragen lässt, sei dahingestellt.

Zum anderen ist es mit der Konstanz der Masse vorbei, wenn sich das fragliche Objekt mit einer Geschwindigkeit bewegt, welche der Lichtgeschwindigkeit nahe kommt. Das lässt sich leicht mit der hierfür in Frage kommenden Formel:

$$m = m_{v=0} / (1 - v^2/c^2)^{1/2}$$

zeigen. Liegt die Geschwindigkeit v eines Objekts nur knapp unterhalb der Lichtgeschwindigkeit c, so resultiert für v^2/c^2 ein Wert knapp unterhalb von 1 und der Wert für die bewegte Masse m wird deutlich höher ausfallen als der Wert für die Ruhemasse $m_{v=0}$.

In beiden Fällen - bei der Umwandlung von Masse in Energie und bei hohen Geschwindigkeiten - ist Masse nichts mehr Konstantes. Das mag zwar für Alltagsbedingungen irrelevant sein, wirft aber ein neues Licht auf diese als unveränderlich geglaubte Eigenschaft von Objekten (Abb. 8). Auch hier setzt sich die Physik mit einer Eigenschaft (Masse) auseinander und nicht mit einer Substanz (Materie).

Masse			
Klassische Physik	unveränderlich	träg	$m = K / b$
		schwer	$m = G / g$
Relativitätstheorie	veränderlich	umwandelbar	$m = E / c^2$
		geschwindigkeitsabhängig	$m = m_{v=0} / (1 - v^2/c^2)^{1/2}$

Abb. 8: Masse aus klassischer und relativistischer Sicht

1.2.3. Quantentheorie

Während demnach in der klassischen und in der relativistischen Physik der Begriff der Materie keine elementare Größe darstellt, taucht der Materiebegriff in der Quantentheorie - der Physik des Mikrokosmos, d. h. der Welt der Moleküle, der Atome und deren Bestandteile - eher auf. Natürlich ist auch hier die Masse die entscheidende Grundgröße, mit der gerechnet wird.

Materie - verstanden als Gesamtheit der Objekte mit Masse - ist insofern ein Thema der Quantentheorie, als diese die Elementarteilchen beschreibt, aus denen sich die Materie zusammensetzt. Um diese

Grundbausteine zu beschreiben, reichte seinerzeit das Instrumentarium der klassischen Physik nicht aus, sodass sich die Quantentheorie - auch Quantenmechanik - als neue Disziplin etablierte. In deren Größenordnungen gilt, dass die Energie in Quanten, d. h. in diskreten Energiepaketen, gebündelt ist. Auch die Materie tritt in diskreten Einheiten auf, eben. in Form von Elementarteilchen, wobei der derzeitige Wissensstand über deren Eigenschaften und Wechselwirkungen vom sogenannten Standardmodell der Elementarteilchenphysik beschrieben wird.

1.2.3.1. Standardmodell

Die drei vom Standardmodell beschriebenen Wechselwirkungen sind die starke Wechselwirkung - Anziehung zwischen Quarks (s. u.) und zwischen Nukleonen (Protonen bzw. Neutronen) - , die schwache Wechselwirkung - Betazerfall bestimmter radioaktiver Atomkerne - und die bekannte elektromagnetische Wechselwirkung. Die gravitative Wechselwirkung wird vom Standardmodell nicht mit einbezogen. Deshalb und wegen einiger weiterer ungelöster Probleme ist das Modell unvollständig, kann aber nahezu alle bisher beobachteten teilchenphysikalischen Vorgänge erklären.

Was nun die Bausteine der Materie anbelangt, so ist seit langem bekannt, dass die Atome, die "Unteilbaren", alles andere als unteilbar sind. Inzwischen ist man auf der Suche nach noch „Unteilbarerem“ bei den Quarks angekommen, die sich u. a. zu Protonen und Neutronen zusammentun. Letztere beide Teilchenarten bilden ihrerseits die Atomkerne, welche von Elektronenwolken umhüllt sind:

Quarks → Protonen, Neutronen → Atomkerne → Atome

Neben den Quarks und dem Elektron gibt es noch weitere Elementarteilchen, welche sich in Klassen einteilen lassen (Abb. 9: Masse in Vielfachem der Protonenmasse; die Quarkmassen sind nur indirekt definiert, da Quarks in der Natur nicht als freie Teilchen auftreten).

Klasse 1

Teilchen	Masse	Ladung
Elektron	0,00054	- 1
Elektron-Neutrino	$< 10^{-8}$	0
up-Quark	0,0047	+ 2/3
down-Quark	0,0074	- 1/3

Klasse 2

Teilchen	Masse	Ladung
Myon	0,11	- 1
Myon-Neutrino	< 0,0003	0
charm-Quark	1,6	+ 2/3
strange-Quark	0,16	- 1/3

Klasse 3

Teilchen	Masse	Ladung
Tanon	1,9	- 1
Tanon-Neutrino	< 0,033	0
top-Quark	189	+ 2/3
bottom-Quark	5,2	- 1/3

Abb. 9: Klassifizierung von Elementarteilchen

Jede Klasse enthält ein Elektron oder ein dem Elektron ähnliches Teilchen (Ladung: -1), ein Neutrino (Ladung: 0) und zwei Quarks (Ladung: n/3). Der jeweilige Teilchentyp weist in allen drei Klassen die gleiche Ladung auf; nur die Masse nimmt von Klasse zu Klasse zu.

Diesen Materieteilchen des Standardmodells (Fermionen mit dem Spin ½) stehen Botenteilchen (Vektorbosonen mit dem Spin 1) gegenüber (Abb. 10).

Wechselwirkung	**Teilchen**	**Masse**
stark	Gluon	0
schwach	schwaches Eichboson	86 bzw. 97
elektromagnetisch	Photon	0
Gravitation	Graviton	0

Abb. 10: Botenteilchen

Diese Teilchen (auch: Wechselwirkungsteilchen) vermitteln die Wechselwirkungen zwischen den Materieteilchen, können aber prinzipiell auch als eigenständige Teilchen auftreten wie z. B. das Photon. Mit Hilfe dieser Systematik des Standardmodells lässt sich der Aufbau der Materie prinzipiell skizzieren (Abb. 11).

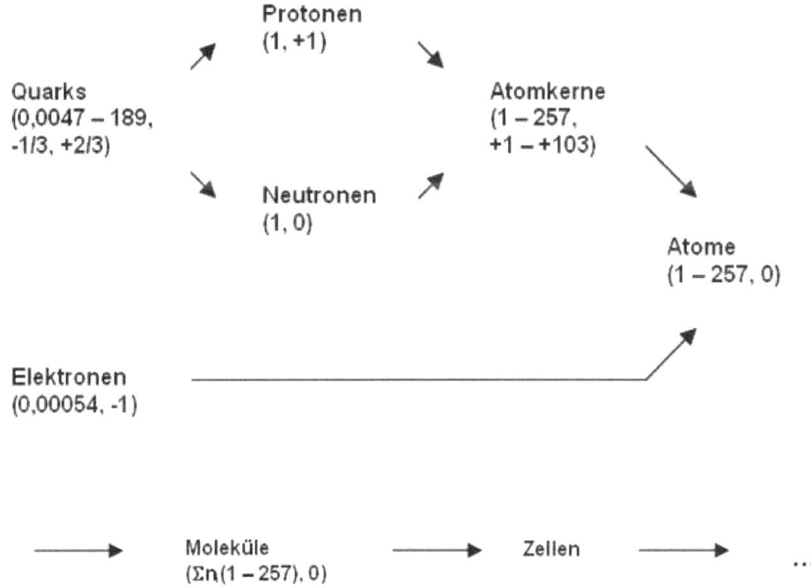

Abb. 11: Aufbau der Materie

Um nur die allernotwendigste physikalische Beschreibung dieser Skizze wiederzugeben, ist das Eigenschaftsprofil eines jeden Teilchens lediglich durch Masse und elektrische Ladung charakterisiert (x, +y bzw. -y); die Eigenschaft Spin ist weggelassen. Beispielsweise kann ein Quark mindestens 0,0047 oder maximal 189 Protonenmassen aufweisen, während seine Ladung entweder - 1/3 oder + 2/3 beträgt. Die Masse von Atomen reicht von 1 (Wasserstoff) bis 257 (Lawrencium). Allein die Kombination von Masse und Ladung - andere Kenngrößen sind aus Gründen der Überschaubarkeit weggelassen - führt zu einer Vielzahl von Individuen mit sehr unterschiedlichen Eigenschaftsprofilen.

Der Aufbau von einfachen zu komplexeren Teilchen wird von unterschiedlichen Wechselwirkungen bestimmt. Für die Vereinigung der diversen Quarks zu Protonen und Neutronen ist die starke Wechselwirkung verantwortlich, ebenso wie für die der Protonen und Neutronen zu Atomkernen. Im letzteren Fall muss die extreme elektrostatische Abstoßung der Protonen im Atomkern überwunden werden. Dagegen liegt der Verbindung von Atomkernen und Elektronen zu Atomen die elektromagnetische Wechselwirkung zu Grunde. Dasselbe gilt für die Verbindung von Atomen zu Molekülen. In beiden Fällen gelten die Spielregeln der Quantenmechanik.

So weit, so gut. Aber es bleiben Fragen. Dass das Standardmodell nicht vollständig ist, war schon erwähnt worden. Prekärer ist, dass man bisher Neutrinos für masselos hielt. Inzwischen weiß man, dass diese sehr wohl Masse aufweisen (Nobelpreis für Physik 2015). Weitere Fragen könnten sein, wieso es zu der oben skizzierten Art von Elementarteilchenklassen kommt oder wie sich die Realisierung der Elementarteilchen aus der Quantentheorie, welche die Basis des Standardmodells ist, herleiten lässt.

Was die letzte Frage angeht, lohnt es sich, einen Blick auf einige Aspekte der Quantentheorie zu werfen. Glücklicherweise ist letztere inzwischen Allgemeingut, sodass auf eine ausführliche Darstellung dieser exaktesten Disziplin der Physik verzichtet werden kann. Auf jeden Fall steckt hinter der Quantelung der Natur deren Welle-Teilchen-Dualismus, zuerst - Anfang des 20. Jahrhunderts - am Licht entdeckt, dann - ein gutes Jahrzehnt später - auch bei der Materie erkannt. Neben den experimentellen Resultaten hat ein anspruchsvoller mathematischer Formalismus auf höchstem Niveau - mit Vektorräumen (Hilbertraum), Matrizendarstellungen (Heisenbergsche Matrizenmechanik) und Differentialgleichungen (Schrödingergleichung) - die Quantentheorie zustande- und weitergebracht, am Schluss nur noch für Eingeweihte zu verstehen und schließlich unterschiedlichen Deutungsmöglichkeiten preisgegeben. Bis heute gibt es bezüglich der Interpretationen dieses in der Regel unumstrittenen mathematischen Formalismus keine Einigkeit. Von den inzwischen zu einer beträchtlichen Anzahl angewachsenen Interpretationsmöglichkeiten (Kopenhagener Interpretation, Bohmsche Mechanik, Theorie der verborgenen Variablen, Viele-Welten-Interpretation, …) ist die älteste von ihnen, die Ende der 1920er Jahre formulierte Kopenhagener Interpretation (Bohr, Heisenberg, …), immer noch die populärste und diejenige, welche von den meisten Physikern die bevorzugte Auslegung der Quantentheorie darstellt.

Demnach ist der Welle-Teilchen-Dualismus letztendlich ein Dualismus von Potentiellem und Realem: wellenartig das Potentielle bzw. die Wahrscheinlichkeit eines Ereignisses - mathematisch u. a. beschrieben als Wellenfunktion, welche die Lösung der Schrödingergleichung darstellt - und teilchenartig die Tatsächlichkeit bzw. Realisierung eben dieses Ereignisses. Hierbei kollabiert die Wellenfunktion, sobald das System beobachtet bzw. gemessen wird. Es resultieren Teilchen, die lokalisiert werden können. Somit wird durch den Akt der bewussten Beobachtung das Räumliche bzw. Materielle realisiert. Das Vorhergehende, das durch die Wellenfunktion beschrieben wird und welches dem Potentiellen entspricht, ist nicht real bzw. noch nicht realisiert (Abb.12). Es mag dem Quantenvakuum entsprechen bzw. ihm analog sein, ein komplexes dynamisches System, das mitunter mit einem fundamentalen Informationsfeld assoziiert wird.

Potentielles wellenartig	Reales teilchenartig
Bewusstsein →	
Wahrscheinlichkeit unanschaulich nicht wahrnehmbar	Materie anschaulich wahrnehmbar

Abb. 12: Materie entsprechend quantentheoretischer Interpretation

Wie jede der Interpretationen der Quantentheorie ihre Stärken und Schwächen hat, so gilt dies auch für die Kopenhagener Interpretation. Deren Schwäche ist der Erklärungsnotstand bezüglich des Kollabierens der Wellenfunktion, der physikalisch nicht weiter begründbar ist. Als Auslöser hierfür wird die Beobachtung des realisierten Ereignisses postuliert (von Neumann). Bohr ging einmal so weit zu behaupten, bei einem Quantenobjekt könne man noch nicht einmal davon ausgehen, dass es überhaupt existiert, sofern man nicht gerade hinsieht.

Entsprechend der Kopenhagener Interpretation hat es demnach keinen Sinn, eine Aussage zu machen, welchen Zustand ein Teilchen hat, solange es nicht beobachtet wird. Kants transzendentale Philosophie der Unterscheidung zwischen Ding an sich und Phänomen lässt grüßen. Dementsprechend beschreibt die Quantentheorie nur die Kenntnis bzw. die Information des Beobachters, sodass die Diskussion teilweise so weit geht, dass objektiv existierende Zustände eines Systems in Frage gestellt werden. Es dürfte sich von selbst verstehen, dass eine dermaßen subjektivistische Deutung nicht allgemein akzeptiert wurde und wird.

Nach mehr als einem halben Jahrhundert kommt in den 1990er Jahren eine weitere Interpretation der Quantentheorie auf, die ebenfalls subjektivistische Elemente aufweist und die als informationstheoretische Interpretation bekannt ist. Sie entspringt dem Unbehagen über die bisherige Vorgehensweise, wonach erst ein mathematischer Formalismus vorausgesetzt wird und danach versucht wird, den formalen Begriffen der Theorie eine Interpretation zu geben. Basis ist nun die Information, insofern die Quantentheorie nicht die Eigenschaften von Quantensystemen beschreibt, sondern nur die Information, die der Beobachter über deren Verhalten erhält. Naturwissenschaft ist insofern keine Wissenschaft der Natur, sondern die Wissenschaft der menschlichen Interpretation der Natur.

Die verschiedenen Varianten dieser informationstheoretischen Interpretation unterscheiden sich u. a. in der Definition des Begriffs „Information“. Wird letzterer Begriff technisch bzw. physikalisch definiert (Shannon), wird die eigentliche Bedeutung von „Information“ im Sinne von bedeutungsvoller Struktur oder Bewusstseinsinhalt geschmälert. Wählt man jedoch den letzteren erweiterten Begriffsumfang, so überschreitet man die Grenzen der Physik bzw. gelangt zu immaterialistischen Positionen. Ohne zu weit auf diese Problematik einzugehen, bleibt festzuhalten, dass einige Quantentheoretiker (Wheeler, Zeilinger) eine Welt für möglich halten, in der es Information und Wechselwirkung, aber keine Materie gibt.

Wie sollte man auch am bisherigen Begriff der Materie festhalten, wenn inzwischen Teleportationen, also lokale Verschiebungen von Elementarteilchen und Molekülen („Beamen“), erfolgreich durchgeführt wurden (Zeilinger, ...). Damit wird das herkömmliche Verständnis von Materie auf den Kopf gestellt. Manche Interpreten gehen sogar so weit, in der Quantentheorie eine „Physik der Beziehungen“ zu sehen, in welcher der alte Unterschied zwischen Substanz und Kraft aufgehoben ist. Materielles und Geistiges sind unterschiedliche Ausformungen ein und derselben Entität, einer Art von Information. Atome mit ihrem Aufbau aus wechselwirkenden Elementarteilchen scheinen lebenden Organismen nicht unähnlich zu sein.

Neben den beiden skizzierten Möglichkeiten, mit Hilfe der Quantentheorie die Realisierbarkeit und die Realität von Materie zu hinterfragen - die Vorstellung eines kreativen Beobachters und die einer gestaltenden Information - , gibt es noch die Möglichkeit, aufgrund des anfangs dargestellten Standardmodells die Materie kritisch zu durchleuchten. So sehr man den Aufbau eines Atoms kennt, so sehr ist die Frage berechtigt, wo die Materie denn nun ist. Weder das Atom noch der Atomkern sind prall mit Materie gefüllte winzige Kügelchen. Beide bestehen zu mindestens 99,9999 % aus Vakuum d. h. aus Nichts. Und weder im Atomkern noch in den Quarks hat die Physik Bereiche angetroffen, wo so etwas wie Materie im herkömmlichen Sinn vorhanden wäre. Hier dämmert auch die Erkenntnis, wie wenig sinnvoll es ist, im Bereich des Mikrokosmos von Materie zu reden.

Auch aus einer anderen Sichtweise der Quantentheorie kann der Materiebegriff in Frage gestellt werden. Dieser ist vor allem durch die Räumlichkeit gekennzeichnet und letztere erfährt durch ein quantenphysikalisches Phänomen, welches als EPR-Paradoxon bekannt geworden ist, eine Relativierung. Da dieses Paradoxon hinlänglich in der populärwissenschaftlichen Literatur beschrieben ist, soll es hier nur kurz skizziert werden. Das ursprünglich von Einstein, Podolski und Rosen (EPR) konzipierte Gedankenexperiment zwecks Infragestellung gewisser quantentheoretischer Gesetzmäßigkeiten wurde Jahrzehnte später experimentell nachvollzogen (Aspect) und besagt, dass Teilchen, die in einer gemeinsamen Vergangenheit Kontakt hatten und sich anschließend auseinander bewegen, immer noch über eine instantane Information verfügen. Wird an einem Teilchen eine bestimmte Eigenschaft (Spin, Polarisation, ...) gemessen, stellt sich am anderen Teilchen sofort, d. h. ohne Zeitverzögerung, die entsprechende korrespondierende Eigenschaft ein. Und das unabhängig davon, ob die Teilchen Meter oder Lichtjahre voneinander entfernt sind.

Das bedeutet, dass Räumlichkeit in diesem Bereich keine Rolle spielt. Es scheint, dass mehr miteinander verbunden ist, als es die makroskopische Sichtweise suggeriert. Verschränkung ist die hierfür übliche Bezeichnung.

1.2.3.2. Stringtheorie

Um noch einmal zum Standardmodell zurückzukommen, so war die Frage offen geblieben, wie es zu den oben beschriebenen Klassen von Elementarteilchen kommt. Die Kategorisierung in diese Klassen erweckt zwar den Anschein einer gewissen Ordnung, wirft aber eine Unzahl neuer Fragen auf: Warum drei Klassen? Warum nicht zwei oder fünf? Warum so viele Elementarteilchen, wo sich doch der größte

Teil der Materie aus Elektronen, up-Quarks und down-Quarks zusammensetzt? Letztere sind die Bestandteile von Protonen und Neutronen. Warum diese grundverschiedenen Massen?

Bis zum Ende des 20. Jahrhunderts konnte die Physik hierauf keine Antworten geben. Dann tauchte eine neue Theorie auf, welche die Elementarteilchenphysik revolutionierte: die Stringtheorie (auch: Superstringtheorie, aktueller: M-Theorie, die sämtliche Theorievarianten zusammenfasst). Ihr gelang es, die Quantentheorie mit der allgemeinen Relativitätstheorie harmonisch zu vereinen, d. h. die Physik des Kleinen mit der des Großen zu verschmelzen, wobei nicht unerwähnt sein soll, dass diese Theorie noch in Entwicklung und ihre Allgemeingültigkeit noch unbewiesen ist.

Strings - Saiten - sind kleinste Fäden oder Schleifen (Größe: 10^{-35} m), deren Schwingungsform das Eigenschaftsspektrum der Elementarteilchen bestimmt. Beispielsweise nimmt die Energie eines Strings mit zunehmender Amplitude der Schwingung zu. Zum analogen Verständnis: Eine Violinsaite schwingt kräftiger, wenn sie stark gezupft wird, während sie bei vorsichtigem Zupfen eher schwach schwingt. Des Weiteren nimmt die Stringenergie mit abnehmender Wellenlänge zu. Da nach der Relativitätstheorie Energie und Masse proportional sind, bestimmt die Schwingungsenergie die Masse des Elementarteilchens. Schwere Teilchen resultieren aus Strings, die mit kleiner Wellenlänge und großer Amplitude schwingen (Abb. 13). Inzwischen beinhaltet die Stringtheorie auch höherdimensionale schwingende Objekte (Branes), die noch komplexere Schwingungsmuster aufweisen.

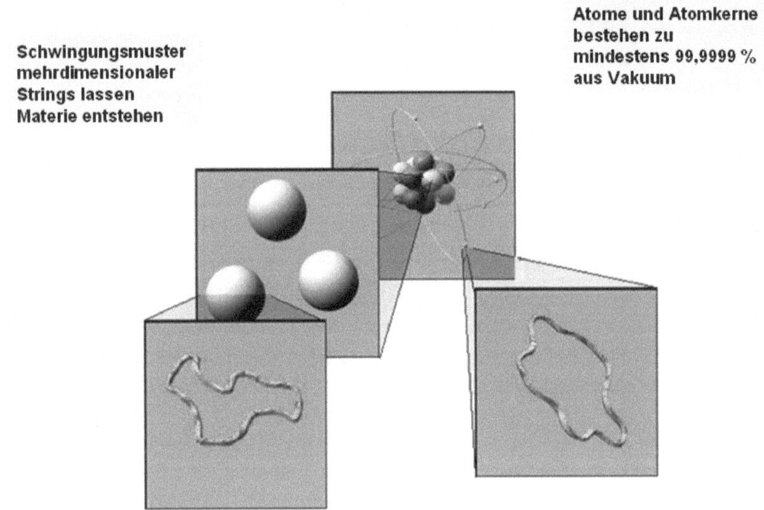

Abb. 13: Strings

Ein ähnlicher Zusammenhang besteht zwischen dem Schwingungsmuster der Strings und weiteren Eigenschaften - wie z. B. der elektrischen Ladung. Allerdings darf man sich die Schwingungsmuster nicht allzu anschaulich vorstellen; schließlich schwingen die Strings auf sehr komplexe Weise in einem zehndimensionalen Raum. Einige der Dimensionen liegen "kompaktifiziert“ vor, d. h. sie sind eng zusammengerollt, so eng, dass sie unmöglich beobachtet werden können. So kompliziert die Berechnungen der Stringtheorie und so unanschaulich die Schwingungsmuster der Strings auch sein mögen, so folgerichtig lassen sich die Eigenschaften aller Materieteilchen und aller Botenteilchen von der Schwingungsform ableiten. Letztendlich hat die Stringtheorie die Beschreibungsfähigkeit der Physik mit Hilfe der Geometrie ein Stück weiter gebracht.

Entscheidend an der Stringtheorie ist, dass die Materie nicht mehr aus unterschiedlichen Elementarteilchen besteht, deren Ordnungsprinzipien nur teilweise verstanden werden, sondern dass raffinierte, kaum vorstellbare Schwingungsmuster fundamentaler Strings diese Teilchen entstehen lassen. Die vielen unterschiedlichen Elementarteilchen sind die verschiedenen Schwingungen, die verschiedenen "Töne“, der Strings. Auch wenn die Stringtheorie nicht experimentell abgesichert ist wie die herkömmliche Quantentheorie, so ist sie doch bei vielen Physikern eine akzeptierte Theorie dessen, was man Materie nennt.

Aber auch die Raumzeit, wie sie Einstein definiert hat, erfährt im Bereich der Stringtheorie Änderungen. Während sie nach der Relativitätstheorie bei großen Dimensionen eine glatte, gekrümmte Struktur aufweist, ist sie im Bereich der Strings, wo die Plancklänge (10^{-35} m) als Maß gilt, Quantenfluktuationen unterworfen. Je kleiner die Abmessungen, desto heftiger ist dieses Quantenbrodeln. In diesen Quantenschaum sind nun die oben erwähnten kompaktifizierten zusätzlichen Raumdimensionen eingebunden.

Naturphilosophische Betrachtungen lassen es denkbar erscheinen, dass aus diesem 11-dimensionalen Hyperraum (10 Raumdimensionen, 1 Zeitdimension) die 4-dimensionale Raumzeit (3 Raumdimensionen, 1 Zeitdimension) projiziert wird. Was auf der Bühne der Raumzeit erscheint - Atome, Moleküle, Organismen, ... ist nichts anderes als die Projektion aus diesem Hyperraum. Auch Gestaltbildung und Funktionales mag von dort stammen, da solches aus den vier bekannten physikalischen Wechselwirkungen nicht abgeleitet werden kann. Wie dem auch sei, es scheint, dass in der Physik die Tendenz dahin geht, statt nulldimensionaler Punktteilchen mehrdimensionale Objekte (Strings, Branes) mit den dazu gehörenden Schwingungsformen als Basisbestandteile des Materiellen anzunehmen.

Zumindest ist es aufgrund des derzeitigen Wissensstands der Physik so, dass die ursprünglich als unveränderlich geglaubte Eigenschaft von materiellen Objekten, die Masse, nach der Relativitätstheorie mit zunehmender Geschwindigkeit und vor allem in der Nähe der Lichtgeschwindigkeit alles andere als unveränderlich ist. Zudem kann sie in Energie zerstrahlen. Und die Quantentheorie legt es nahe, dass die Realisierung von Quantenobjekten nur in Gegenwart vom Bewusstsein eines Beobachters möglich ist und dass der Realität dieser Objekte so etwas wie Schwingungsformen zugrunde liegen. Oder, wie es der Stringtheoretiker B. Green in einem Interview formulierte: „Das Herz der Materie ist Musik". Allerdings überschreitet man mit zunehmender Spekulation den Umfang der Physik und gelangt in das Gebiet physikalistischer Systemtheorien (Abb. 14).

Physik (Beschreibung der unbelebten Natur der raum-zeitlichen Aussenwelt)	
Materie	**kein definierter Begriff**
Masse	**definierter Begriff (Eigenschaft räumlicher Objekte)**
Elementarteilchen	**möglicherweise beobachtungsabhängige Entstehung** **möglicherweise aus Schwingungen resultierend**
Physikalistische Systemtheorien (Überschreitung des Umfangs der Physik)	
Kopenhagener Interpretation, Informationsbezogene Theorien, Verallgemeinerte Quantentheorie, ...	

Abb. 14: Materielles aus der Sicht der Physik

1.2.4. Physikalistische Systemtheorien

Mit physikalistisch ist gemeint, dass sich diese Systemtheorien zumindest zum Teil von den Konzepten der Physik ableiten. Ihre Anzahl ist beträchtlich. Sie sollen jedoch im Folgenden nur kurz gestreift werden, lediglich um zu zeigen, mit welchen Denkansätzen man den Bereich der Physik überschreitet und dass nur mit Hilfe der Physik alleine die Welt kaum verstanden werden kann. Denn die Physik war und ist dazu angelegt, die unbelebte raum-zeitliche Außenwelt zu beschreiben, und war nie dafür vorgesehen, die gesamte Welt zu erklären. Anhand von drei Beispielen lässt sich ersehen, zu welchen Aussagen man bezüglich des Transzendenten (nicht erfahrbar) und des Phänomenalen (erfahrbar) kommen kann (Abb. 15).

Autor	Transzendentes	Phänomenales	Räumliches / Zeitliches
Bohm	Implizite Ordnung nicht wahrnehmbar; eine Gesamtheit in ständiger Veränderung (Holomovement)	Explizite Ordnung wahrnehmbar; auf sie beziehen sich die Gesetze der Physik	Räumliches und Zeitliches sind in der impliziten Ordnung keine entscheidenden Größen; es gelten hier andere Relationen
Zeilinger	Information ist gequantelt; es ist fraglich, ob es einen Wesenskern der Dinge gibt (Dinge an sich)	Erfahrbares Repräsentanz der Information, d. h. die gequantelten physikalischen Eigenschaften	wird nicht thematisiert
Kohl	Daseinsfaktoren (Dharmas) Eigenschaften bzw. Gesetzmäßigkeiten, keine substantiellen Entitäten	Wahrnehmbare Außenwelt resultiert aus unbeständigen wechselwirkenden Daseinsfaktoren (Dharmas)	Hinter Räumlichem/Zeitlichem ist etwas, das zeitlos, nicht räumlich, dafür aber unveränderlich ist

Abb. 15: Physikalistische Systemtheorien

Angeführt ist auch, welche Ansichten die Autoren der fraglichen Theorien bezüglich des Räumlichen und des Zeitlichen vertreten. Im Folgenden werden die drei angeführten Sichtweisen kurz kommentiert.

Nach David Bohm, Quantenphysiker und Philosoph, erscheint die wahrgenommene Welt in einer expliziten, d. h. entfalteten Ordnung. Dieser liegt eine primäre Ordnung zugrunde, die implizite, d. h. eingefaltete Ordnung. Die letzterer entsprechende primäre Seinsform, welche der sinnlichen Wahrnehmung nicht zugänglich ist, bezeichnet

Bohm als „Holomovement“, unter welcher er eine ganzheitliche Bewegung bzw. Veränderung versteht, die permanent Neues hervorbringt. Die Vorstellung einer impliziten Ordnung, die einer expliziten Ordnung zugrunde liegt, lässt sich in Analogie zum Wellen-Teilchen-Dualismus der Quantentheorie nachvollziehen, insofern beobachtbare Teilchen nur Erscheinungsformen einer tiefer liegenden Wellenbewegung sind. Eine andere Analogie wäre eine Radiowelle, der man eine implizite nicht wahrnehmbare Ordnung zuschreiben kann, wobei die Umwandlung dieser Welle mit Hilfe eines Empfängers in eine wahrnehmbare Radiosendung einer expliziten Ordnung entspricht. Die explizite Ordnung ist nicht nur sinnlich wahrnehmbar, sondern auf sie beziehen sich auch die Gesetze der Physik.

Entsprechend Anton Zeilinger, ebenfalls Quantenphysiker und bekannt aufgrund seiner Arbeiten zur Quantenteleportation, ist der Urstoff des Universums die Information. Diese ist letztendlich gequantelt, denn bei hinreichend geringer Information über ein System lässt sich dieses nur in Form von einzelnen logischen Aussagen beschreiben („es ist kalt“ oder „es ist nicht kalt“). Information und Wirklichkeit sind dasselbe. Denn es wird nie möglich sein, zum Wesenskern der Dinge vorzustoßen, was nicht zuletzt die Quantenmechanik zeigt. Es besteht vielmehr der begründete Zweifel, ob ein solcher Wesenskern überhaupt existiert. Das Sekundäre, d. h. das mittels der Information Erfahrbare, nach Zeilinger deren Repräsentanz, ist wegen der Quantelung der Information ebenfalls gequantelt. Es sind die physikalischen Gegebenheiten der Quantenmechanik. Im Bereich der Elementarteilchen, also im Mikrokosmos, ist der Informationsgehalt dieser Teilchen hinreichend klein, so dass hier die Quantenstruktur zum Vorschein kommt. Auch wird die herkömmliche kausale Wechselwirkung durch eine informative Wechselwirkung ersetzt.

Christian Kohl, kein Quantenphysiker, dafür aber Buddhismuskenner, versucht Parallelen zwischen dem Denken des buddhistischen Philosophen Nagarjuna (2. Jh. n. Chr.) und den Aussagen der Quantenphysik aufzuzeigen. Eine solche Ähnlichkeit sieht er in der wechselseitigen Abhängigkeit makroskopischer und mikroskopischer Daseinsfaktoren (Dharmas bzw. Quantenobjekte), welche keinerlei Eigenständigkeit aufweisen. Substanzlosigkeit (Sunyata), d. h. kein eigenes Sein, ist für diese unbeständigen wechselwirkenden Daseinsfaktoren - eher Eigenschaften oder Gesetzmäßigkeiten als substantielle Entitäten - der Schlüsselbegriff Nagarjunas. Aus diesen Faktoren setzen sich die Phänomene der wahrnehmbaren Außenwelt zusammen. Im Fall der Quantentheorie bestehen wechselseitige Abhängigkeiten beispielsweise in dem Zwei-Komponenten-System Beobachter-Beobachtetes, welches das beobachtende Subjekt untrennbar mit dem Quantenobjekt verbindet. Diese Anschauung kann zu einer idealistischen Sichtweise führen, wonach die Vorstellung einer objektiven Außenwelt aufgegeben wird und Elementarteilchen lediglich als Denkmodelle verstanden werden. Die buddhistische und die quantentheoretische Sichtweise legen es nahe, den allgemein akzeptierten substantiellen Wirklichkeitsbegriff durch einen Wirklichkeitsbegriff der Relationen zu ersetzen. Veranschaulichen lässt sich diese Denkweise mit einem Beispiel aus dem japanischen Zen-Buddhismus: „Als ich die Tempelglocke hörte, gab es plötzlich keine Glocke und kein Ich, nur Klang“. Noch tiefer geht die Vedanta-Philosophie, nach der sich hinter Raum und Zeit bzw. hinter den sinnlich wahrnehmbaren Phänomenen eine letzte Identität befindet, die zeitlos, nicht räumlich, unsterblich und unwandelbar ist.

Soviel zu einigen der bekannteren physikalistischen Systemtheorien. Gemeinsam ist diesen die Aufteilung der Welt in Transzendentes und in Phänomenales, also in Unerfahrbares und in Erfahrbares. Das die Materie strukturierende Räumliche ist nichts Primäres oder Absolutes, sondern dient lediglich dazu, die phänomenale Erfahrungswelt wahrnehmbar zu machen.

Mit solchen Sichtweisen sind natürlich die Grenzen der Naturwissenschaft überschritten und man findet sich auf dem Feld der Naturphilosophie wieder. Auffallend sind die Parallelen mit den Ansichten von Philosophen, die bereits erwähnt worden waren (Abb. 16).

Autor	Transzendentes	Phänomenales	Räumliches / Zeitliches
Berkeley	Geistiges Gäbe es Nicht-Geistiges, wäre dies eine andere Kategorie: Wie sollte Nicht-Geistiges auf Geistiges einwirken?	Geistiges Wahrnehmen, Denken, Agieren	Räumliches ist ausschließlich im Geistigen. Was nur im Geistigen ist, kann unmöglich im Nicht-Geistigen sein, falls es letzteres überhaupt gibt
Hume	Existenz fraglich Eine äußere Welt, die den Wahrnehmungen entspräche, ist prinzipiell nicht zu beweisen ("Außenweltproblematik")	Wahrnehmbare Erscheinungswelt Einteilung der Eigenschaften in primäre und sekundäre ist nicht statthaft, da auch die ersteren sich von Empfindungen ableiten	Räumliches ist von sinnlichen Empfindungen abgeleitet und dementsprechend in Hinsicht Objektivität fraglich
Kant	Dinge an sich (prinzipiell nicht erkennbar)	Wahrnehmbare Erscheinungswelt (im Bewußtsein)	Räumliches und Zeitliches sind Anschauungsformen des Bewußtseins: Sie sind nicht dem Ursprung der Sinnesdaten, den Dingen an sich, verhaftet

Abb. 16: Erkenntnistheorie von Berkeley, Hume und Kant

1.3. Psychologisches

Wenn schon die Philosophie (Sicht auf die Welt) und die Physik (Sicht auf die Außenwelt) den Begriff der Materie nicht zu fassen bekommen und dieser sich bei näherer Betrachtungsweise zusehends verflüchtigt, bleibt noch die Hoffnung, dass vielleicht die Psychologie (Sicht auf die Innenwelt) weiter helfen kann. Oder etwas anders betrachtet: Wenn schon über die Physik, d. h. über die Interpretation der Quantenphysik, das Bewusstsein in Zusammenhang mit der Wahrnehmung des Materiellen ins Spiel kommt, um wie viel mehr ist es dann naheliegend zu hinterfragen, wie das Materielle diesseits der Quantenphysik, d. h. im Alltagsleben, ins Bewusstsein gelangt. Hier können Wahrnehmungspsychologie und Kognitionswissenschaften weiterhelfen.

1.3.1. Wahrnehmung

Was wir über die Materie wissen, wie sie wahrgenommen wird, kommt über die Sinnesorgane ins Bewusstsein. Diese übersetzen die Dinge der Außenwelt in Sinnesdaten, welche als Empfindungen Elemente der Wahrnehmung sind (Abb. 17). Wie schon die Charakterisierung der Materie seitens der Philosophie gezeigt hat, sind für den Materiebegriff vor allem der visuelle Sinn und der Tastsinn von Bedeutung. Beispielsweise werden die Qualitäten des visuellen Sinns (Farbempfindung, …) durch die Wellenlängen des Lichts definiert. Ähnlich lassen sich die Qualitäten der anderen Sinne physikalisch herleiten.

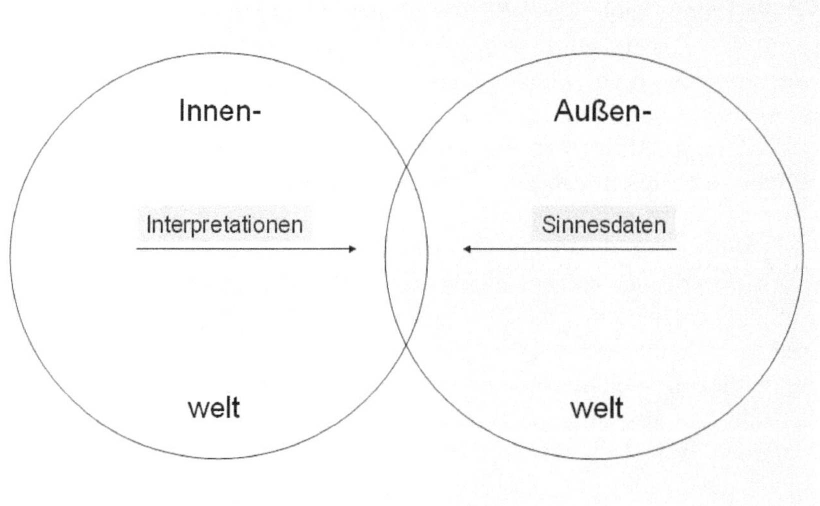

Abb. 17: Wahrnehmung

Nun ist nicht nur das detaillierte Wissen um die Biologie und die Psychologie der Wahrnehmung Bibliotheken füllend, auch die philosophischen Betrachtungen hierzu sind so umfangreich, dass für eine naturphilosophische Betrachtungsweise an dieser Stelle nur ein einziger Klassiker der Philosophie als Orientierung für die Begrifflichkeiten herangezogen werden soll. Es ist Kant, der sich eingehend mit der Frage beschäftigt hatte, wieweit die menschliche Erkenntnisfähigkeit geht, und der hierfür eine akzeptable Vorgehensweise geliefert hat, die auch heute noch diskussionswürdig ist. Ob seine Erkenntnisphilosophie dem heutigen Wissensstand der Wahrnehmungspsychologie standhält, sei dahin gestellt. Es soll nur gezeigt werden, wie von Seiten der Philosophie an die Thematik herangegangen werden kann. Rein wissenschaftlich lassen sich Fragen zu dieser Problematik sowieso nicht beantworten.

So führen nach Kants Sicht die oben erwähnten über die Sinnesorgane ins Bewusstsein gelangten Empfindungen zu subjektiven Erscheinungen, d. h. Phänomenen. Was der Empfindung „korrespondiert“, nennt er Materie. Auch bei gründlicher Textanalyse lässt dies zwei Interpretationen zu. Entweder ist Materie die Summe der Gegenstände der Außenwelt, der „Dinge an sich“, wie Kant das prinzipiell Unerkennbare nennt, oder Materie ist das, was der Mannigfaltigkeit der Empfindungen in der Innenwelt, im Bewusstsein, entspricht. Je nachdem, ob der Akzent mehr auf eine objektive oder mehr auf eine subjektive Betrachtungsweise gesetzt wird, verschiebt sich der Materiebegriff in Nuancen. Diese Ambivalenz führt nicht zuletzt zu unterschiedlichen Weltanschauungen, insofern entweder ein transzendentaler oder ein absoluter Idealismus resultieren kann. Beweisen oder widerlegen lässt sich weder die eine noch die andere Sichtweise. Es bleibt jedem selbst überlassen, sich für eine der beiden Alternativen zu entscheiden.

Doch zurück zu den Empfindungen, die in ihrer Mannigfaltigkeit ins Bewusstsein gelangen. Hier nennt Kant „dasjenige, welches macht, dass das Mannigfaltige der Erscheinung in gewissen Verhältnissen geordnet werden kann, die Form der Erscheinung“. Die eher passiv aufgenommenen Empfindungen werden demnach eher aktiv zu geordneten Anschauungen umgestaltet. Die Wahrnehmung beinhaltet also, dass die Empfindungen entsprechend der Struktur des Bewusstseins eine Gestalt erhalten. Diese Anschauungsformen sind Raum und Zeit.

1.3.2. Räumliches

Raum, Räumliches, Räumlichkeit, Form oder welcher andere Begriff passt besser für die Anschauungsform der dreidimensionalen Wahrnehmung? Kant selbst benutzt den Begriff „Raum“, wenn er feststellt, „der Raum ist nicht etwas Objektives und Reales, weder eine Substanz, noch ein Akzidenz, noch ein Verhältnis, sondern ein Subjektives, ideales, aus der Natur der Erkenntniskraft nach einem festen Gesetz hervorgehendes Schema gleichsam, schlechthin alles äußerlich Empfundene einander beizuordnen“. Man mag dem zustimmen oder nicht, „Räumliches“ könnte der bessere Begriff für diese Anschauungsform sein. Nicht zuletzt weil der „Raum“ keine wahrnehmbare Entität ist.

1.3.2.1. Theoretisches

Nichtsdestoweniger haben auch zur damaligen Zeit Philosophen und Naturwissenschaftler den Raum als etwas Reales angesehen. Beispielsweise war er für Leibniz ein Ausdruck für Relationen zwischen Gegenständen und für Newton eine unendliche und unbegrenzte, nichtsdestoweniger unabhängig von uns bestehende Gegebenheit. Für beide war der Raum unabhängig von der Existenz wahrnehmender Subjekte. Nicht so bei Kant.

Nach dessen Ansicht ist diese Anschauungsform - das Räumliche - subjektiv. Es ist ein Ordnungsprinzip des Bewusstseins, das die chaotische Mannigfaltigkeit der Empfindungsinhalte strukturiert. Das Räumliche gibt dem Empfindungsstoff, der Materie, bestimmte Formen. Wie dieses Räumliche allerdings im Grunde zu verstehen ist, darüber gingen auch nach Kant die Meinungen auseinander.

Nun ist nach Kant diese Anschauungsform, welche das Bewusstsein und demnach das Ich befähigt, die eingegangenen Sinnesdaten räumlich geordnet neben- und hintereinander wahrzunehmen, auch als eine Art von Projektion zu verstehen. Diese ist nicht dem Ursprung der Sinnesdaten, den Dingen an sich, verhaftet, sondern dem Ich. Demnach ist die Außenwelt an sich nicht räumlich. Insofern die Empfindung zu dem führt, was Kant Materie nennt, und die Anschauungsform „Räumliches" zu deren Form, resultiert die Erscheinung bzw. das Phänomen (Abb. 18).

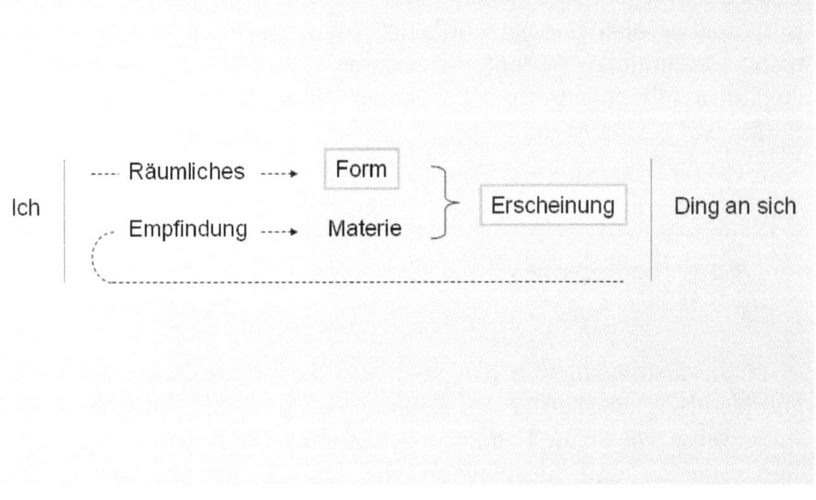

Abb. 18: Räumliches (Kant)

Wird den Dingen an sich fälschlicherweise dennoch eine Räumlichkeit zugesprochen, ist nach Kant eine Verstrickung in Widersprüche unvermeidlich, wie z. B. in den Widerspruch der Endlich-Unendlich-Problematik bezüglich der Größe des Weltalls. Aber auch das Kant'sche Raumverständnis selbst erweist sich als problematisch hinsichtlich der Frage, wie die Welt an sich unräumlich zu denken sei. Diese Problematik mag auf intuitiven und auf logischen Gründen beruhen.

Was die intuitiven bzw. psychologischen Gründe angeht, so mögen diese vom allgemeinen Verständnis des Empfindens mittels der Sinnesdaten herrühren. Das sinnliche Empfinden beinhaltet nicht nur die optischen, sondern auch die akustischen und die haptischen Sinnesdaten. Während die direkte Umsetzung dieser Daten in Empfindungen (Farben, Töne, usw.) dem Verständnis offensichtlich keine Schwierigkeiten bereitet und die Dinge an sich als farblos, tonlos, usw. akzeptiert werden, ist das Unräumliche der Dinge an sich nur schwer hinzunehmen. Hier wird von Kant und den Kantinterpreten wenig Hilfe angeboten.

Den eher logischen Beweggründen für eine Distanziertheit gegenüber dem Raumverständnis von Kant entspricht die Frage, wie zwingend der Gedankengang ist, dass das Räumliche den Dingen an sich nicht als Eigenschaft zukommen soll. Die Kant'sche Beweisführung für diese These wird bis heute - zumindest von einem Teil der Kritiker - als mangelhaft angesehen und die oft unnötig umständliche Formulierung Kants macht die Transparenz seiner Gedankengänge nicht gerade leichter. Dass Form und Materie unterschiedlichen Ursprungs sein sollen (Form: Ich, Materie: Ding an sich), wird von Kant postuliert, nicht bewiesen. Der bekannteste Einwand gegen diese Theorie ging in die Philosophiegeschichte als die „Trendelenburg´sche Lücke“ ein, insofern der Philosoph Trendelenburg es als Lücke in der Kant'schen Darlegung ansah, dass das Räumliche nicht auch als Eigenschaft des Dings an sich mitberücksichtigt werde. Würde man dies tun, ließe sich die oben skizzierte Asymmetrie des Kant'schen Raumverständnisses aufheben (Abb. 19).

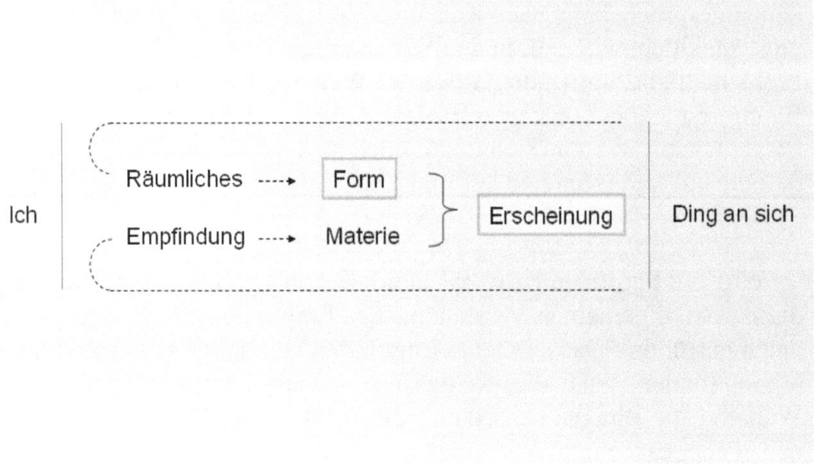

Abb. 19: Räumliches (Kant/Trendelenburg)

Hierbei muss nach anderen Kant-Interpreten das Räumliche dem Ding an sich nicht unbedingt als solches anhaften, wie es Trendelenburg vorschlug, sondern es können beispielsweise auch sogenannte „Lokalzeichen" (Lotze) oder Ähnliches vom Ding an sich ausgehen, um im Ich eine räumliche Vorstellung auszulösen.

Unter Lokalzeichen verstand man „charakteristische Nebenbestimmungen neben dem Inhalt der Empfindungen" bzw. „raumsetzende Bestimmungen". Über die nähere Beschaffenheit der Lokalzeichen wissen wir jedoch nichts. Heute würde man von Zusatzinformationen sprechen. Was der Raumvorstellung im Ding an sich auch immer entsprechen mag, so besteht zwischen Erscheinung und auslösendem Moment stets ein analoges Verhältnis bzw. eine „analogische Relation" (Pistorius). Dass eine Modifikation der Trendelenburg´schen Theorie notwendig ist, ist für jene Kantinterpreten (Vaihinger) zwangsläufig, die nicht zulassen, dass etwas zugleich subjektiv (Räumliches im Ich) und objektiv (Räumliches im Ding an sich) ist.

Mit diesem Argument lässt sich letztendlich das Räumliche im Ding an sich ausschließen, denn das Räumliche im Sinne von Raumvorstellung im Ich ist sicher. Dass etwas nicht zugleich subjektiv und objektiv sein kann, wird bei den Empfindungen akzeptiert: der Himmel erscheint blau, er ist nicht blau. Und nur beim Räumlichen sollte es sein, dass subjektive Raumvorstellung und Räumliches der Außenwelt identisch sein sollten?

Für Kant ist der Raum bzw. das Räumliche a priori, d. h. schon im Bewusstsein, bevor letzteres von den Sinnesdaten erreicht wird. Von dieser Apriorität der Raumvorstellung schließt er auf deren ausschließliche Subjektivität, was durchaus gewagt sein mag. Es scheint, dass sich seine These weder beweisen noch widerlegen lässt.

Um noch einmal auf die intuitiven Vorbehalte hinsichtlich des Kant'schen Raumverständnisses zurückzukommen, sei noch einmal daran erinnert, dass es keine Schwierigkeiten macht, sich das Ding an sich frei von Empfindungen vorzustellen, d. h. farblos, tonlos, geruchlos, usw. , dass es dagegen problematisch ist, es sich unräumlich zu denken. Dabei sind Farbe, Ton oder Geruch ebenso a priori wie die Raumvorstellung. Bemerkenswerterweise geht die Kant'sche Raumdiskussion nur wenig auf die Empfindung ein. Möglicherweise mag dies auch auf den damaligen geringen Wissensstand hinsichtlich der Kenntnis der physikalischen Art und Wirkungsweise der Empfindungen zurückzuführen sein. Heute weiß man, dass Empfindungen auf raumzeitlichen Vorgängen beruhen, seien es Schwingungen (elektromagnetisches Feld: Farben; Luft: Töne) oder molekulare Wechselwirkungen (Geruch, Geschmack). Da man demnach heute um die Ableitbarkeit der Empfindungen vom Raumzeitlichen weiß, akzeptiert man deren illusorischen Charakter, setzt diese nicht absolut und versteht sie als subjektiv.

Anders beim Räumlichen, das als Anordnungsprinzip mehrerer Empfindungsqualitäten wirksam ist. Dieses lässt sich schwieriger wegdenken als nur eine Empfindungsqualität alleine. Oder kann die Anordnung von Illusorischem ebenfalls nur illusorisch sein und den Dingen an sich nicht real zukommen?

Ob das Räumliche nun subjektiver Natur ist, wie Kant meint, oder ob es objektiv ist oder ob es beispielsweise mittels „Lokalzeichen" oder ähnlichen Zusatzinformationen vermittelt wird, bleibt offen. Verständlich ist, dass der Raum im Allgemeinen eher als objektiv angesehen wird, da man von Zusatzinformationen wie beispielsweise „Lokalzeichen" nichts weiß (Abb. 20).

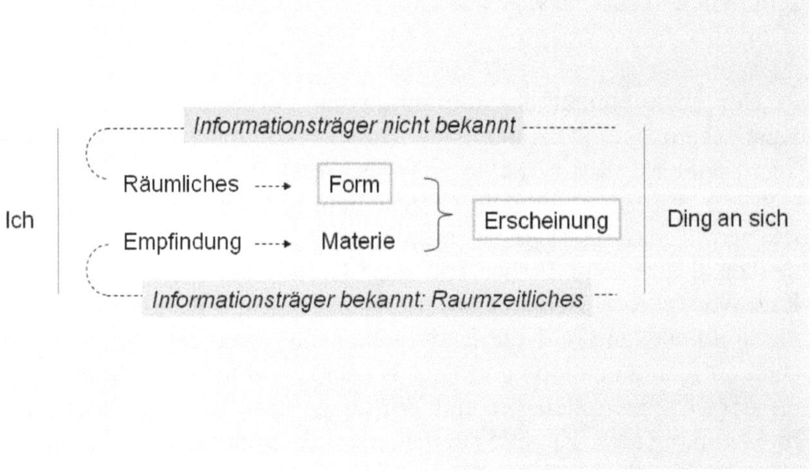

Abb. 20: Räumliches

Soviel zur Wahrnehmungspsychologie des Räumlichen aus theoretischer Sicht - und das nur skizzenhaft bei Kant. Festzuhalten bleibt, dass das Räumliche vor allem über den visuellen Sinn und den Tastsinn zustande kommt und dass dem Räumlichen selbst kein Sinn entspricht. Späteren Philosophen zufolge führt eine Assoziation von Sinnesempfindungen und Muskelempfindungen zum Räumlichen. Nach Helmholtz ist die Raumvorstellung durch eine psychophysische Organisation bedingt. Wenn Lotze davon ausgeht, dass das Bewusstsein „eine innerliche Raumwelt konstruiert", weist das schon auf den sich viel später entwickelnden Konstruktivismus hin.

Auf eine weitere Vertiefung der theoretischen Seite der Wahrnehmungspsychologie des Räumlichen und auf andere Sichtweisen kann verzichtet werden, denn es soll nur gezeigt werden, wie und wieweit ein philosophischer Diskurs zur Klärung dieser Problematik beitragen kann. Denn das Verständnis des Räumlichen ist grundlegend für das Verständnis des Materiellen, für welches das Räumliche die primäre kennzeichnende Eigenschaft ist.

1.3.2.2. Konkretes

So überzeugend die Theorie der Wahrnehmung des Räumlichen auch sein mag, nämlich dass den Phänomenen der Innenwelt keine räumlichen „Dinge an sich" in der Außenwelt entsprechen, dass demnach keine räumliche Außenwelt existiert, so wenig plausibel scheint dies in der konkreten Alltagswelt akzeptiert werden zu können. Wie kann man überzeugt sein, dass die räumliche Umwelt - das Zimmer, der Schreibtisch, der Computer - nur eine Illusion ist? Nicht nur die Wahrnehmung des Räumlichen, auch das Agieren im Räumlichen soll eine Fiktion sein?

Hiergegen sträubt sich vehement die eigene Psyche bzw. die herkömmliche Psychologie. Aber gerade von einem Zweig der Psychologie, der Wahrnehmungspsychologie, könnte Hilfe kommen, Hinweise für einen Ausweg aus dem Dilemma zu finden.

Es können nur Hinweise sein. Denn Beweise für oder gegen eine räumliche Außenwelt lassen sich strenggenommen nicht erbringen. Das ist auch bei der seit der Kindheit lebenslang eingefleischten Vertrautheit mit dem Räumlichen kaum zu erwarten. Aber die Wahrnehmungspsychologie lüftet manchmal vorsichtig den Schleier, hinter dem sich zeigt, wie das Bewusstsein bzw. das Unbewusste die Objekte der Außenwelt konstruiert. Diese Hinweise findet man natürlich nicht im normalen Alltagsleben, für das die Wahrnehmung des Räumlichen und das Agieren im Räumlichen existenziell sind, sondern es sind eher kuriose Gegebenheiten, z. B. optische Täuschungen, oder unerwünschte Vorkommnisse, z. B. Unfälle oder Krankheiten, die auf das Kreative im Bewusstsein schließen lassen.

1.3.2.2.1. Sehen

Zunächst soll am Beispiel des Gesichtssinns versucht werden, dieses Kreative aufzuspüren. Als Sinn für das Sehen soll zunächst dieser stellvertretend für die anderen Sinnesmodalitäten (Fühlen, Hören, Riechen, Schmecken) im Folgenden betrachtet werden.

Bei der sensorischen Wahrnehmung wird als erstes ein Reiz, d. h. ein raum-zeitliches Energiemuster, in einen neuralen Code überführt. Bei dieser als Transduktion bezeichneten Umformung werden im Falle des Gesichtssinns elektromagnetische Strahlung bzw. Lichtquanten mittels der Sinnesrezeptoren (Auge mit nachgeschalteten sensorischen Neuronen) in neuronale elektrochemische Gehirnströme umgewandelt. Diese „Einheitssprache des Nervensystems“, d. h. der neuronale Code, lässt es allerdings nicht zu, seine physikalische Ursache, d. h. den ursprünglichen Reiz, zu rekonstruieren. Beispielsweise kann die Empfindung von Licht nicht nur durch optische Reizung (Auftreffen von Lichtquanten auf die Netzhaut), sondern auch durch mechanische oder elektrische Reizung hervorgerufen werden (Schlag in die Augengegend, ...). Sensorische Systeme können demnach nicht das Bewusstsein über die ursprüngliche Art des physikalischen Inputs der Außenwelt unterrichten (Abb. 21).

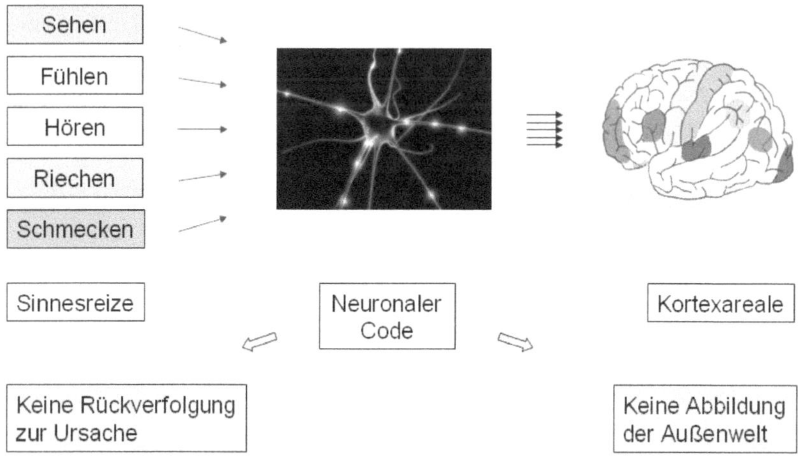

Abb. 21: Neuronaler Code

Was bei Kant noch Empfindung bzw. - die mit Hilfe der Anschauungsform geschaffene - Erscheinung hieß, wird von der Kognitionswissenschaft als Repräsentation bezeichnet. Die Außenwelt kann im Bewusstsein nicht abgebildet, sondern nur repräsentiert werden. Da jedoch jeder sensorische Input vielfältig interpretiert werden kann und da eine eindeutige und angemessene Interpretation für das Lebewesen vorteilhaft ist, nimmt die Kognitionswissenschaft an, dass das Bewusstsein bzw. das Unbewusste diesbezüglich gleichsam über ein Vorwissen verfügt. Für den Gesichtssinn bedeutet dies beispielsweise, dass bestimmten Wellenlängen bestimmte Farben entsprechen oder dass angenommen wird, dass Licht in der Regel von oben kommt. Dieses a-priori-Wissen ist unbewusst und unterliegt nicht der willentlichen Kontrolle.

Für die visuelle Wahrnehmung hat die Wahrnehmungspsychologie eine Reihe von Gestaltgesetzen bzw. Konstruktionsregeln formuliert, nach denen elementare Wahrnehmungsinhalte (Farben, Helligkeiten, Linien) zu geordneten Repräsentationen der Wahrnehmung kombiniert werden. Beispielsweise können hiermit aus zweidimensionalen Netzhautbildern dreidimensionale Repräsentationen der Außenwelt konstruiert werden. Auch eine Reihe von optischen Täuschungen lassen sich mit Hilfe solcher implementierter Konstruktionsregeln erklären.

1.3.2.2.1.1. Farben

Optische Täuschungen resultieren beispielsweise auch bei der Wahrnehmung von Farben und Farbtönungen. Hierbei zeigt sich, dass das Empfinden von Farben das wohl bekannteste Beispiel für die Kreativität des wahrnehmenden Bewusstseins ist. Es gehört zum Schulwissen, dass auf die Netzhaut des Auges auftreffende elektromagnetische Strahlung der Wellenlänge von 400 bis 700 nm als Farbeindruck empfunden wird. Alles andere, d. h. der größte Teil der Strahlung wird nicht wahrgenommen, so dass man sich des Eindrucks nicht erwehren kann, die Sinnesorgane seien keine Eingangspforten der Außenwelt, sondern Filter, die alles zum Leben Unnötige ausblenden.

Allgemein bekannt ist auch, dass auf der Netzhaut Stäbchen und vor allem drei Sorten von Zapfen für die Farbwahrnehmung verantwortlich sind. Je nachdem, welche Sehfarbstoffe (Pigmentmoleküle bestehend aus Chromophor und Protein) die jeweiligen Zapfensorten enthalten, reagieren diese unterschiedlich auf unterschiedliche Wellenlängen. K-Zapfen reagieren vorwiegend auf niedrige, M-Zapfen auf mittlere und L-Zapfen auf hohe Wellenlängen. Entsprechend dem Verhältnis der unterschiedlich erregten Zapfensorten und der anschließenden neuronalen Verschaltung kommt der jeweilige Farbeindruck zustande (Abb. 22).

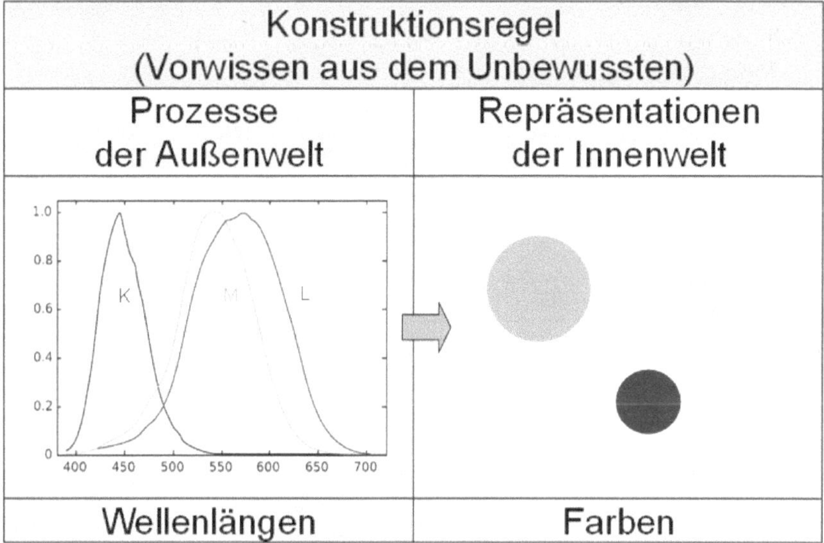

Abb. 22: Visuelle Wahrnehmung

Fehlt - beispielsweise auf Grund eines genetischen Defekts - eines der Pigmentmoleküle, führt dies zur Farbenblindheit. Ist z. B. das L-Pigment nicht vorhanden, ist Protanopsie die Folge, d. h. man kann nicht zwischen Rot und Grün unterscheiden. Beim Fehlen des K-Pigments fehlt die Unterscheidungsfähigkeit zwischen Blau und Gelb (Tritanopsie). Man könnte meinen, die primäre Ursache für das Farbensehen liege im Auge.

Allerdings ist dem nicht so. Denn dem Auge nachgeschaltete Nervenbahnen leiten die Information in Form von elektrochemischen Strömen an das Gehirn weiter, wo der eigentliche Sehvorgang stattfindet. Dies lässt sich durch einen speziellen Defekt beim Farbensehen plausibel machen.

So gibt es die sogenannte halbseitige Farbenblindheit, bei der die Betroffenen in einer Hälfte ihres Gesichtsfelds Farben, in der anderen Hälfte jedoch nur Grautöne wahrnehmen. Dies mit einem halbseitigen Ausfall der Zapfen der Netzhaut erklären zu wollen, dürfte etwas konstruiert sein.

Dagegen bietet sich eine schlüssige Erklärung an, wenn man sich die Weiterleitung der vom Auge kommenden Information ins Gehirn näher betrachtet (Abb. 23). Für die Farbwahrnehmung ist das in beiden Hemisphären des Gehirns vorhandene visuelle Kortexareal V1 im unteren Teil des Hinterhauptlappens zuständig. Die beiden Hemisphären sind mittels Neuronen so verknüpft, dass die rechte Hemisphäre das linke Gesichtsfeld und die linke Hemisphäre das rechte Gesichtsfeld konstruiert. Beispielsweise wird das linke Gesichtsfeld von den rechten Hälften beider Augen wahrgenommen, sodass die entsprechenden Sehbahnen (Abb. 23: grau getönt) im rechten Teil des visuellen Kortexareals V1 ankommen.

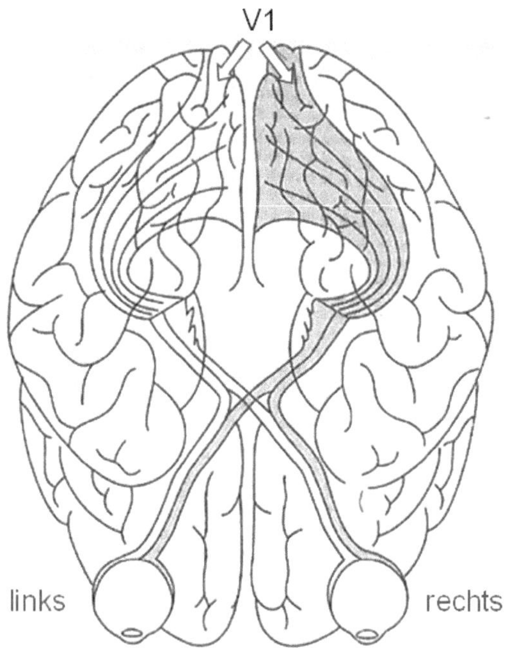

Abb. 23: Ansicht des Gehirns von unten mit den von den Augen zum visuellen Kortexareal V1 kommenden Sehbahnen

Ist nun einer der beiden Teile des Kortexareals geschädigt, kommt es zu der oben erwähnten halbseitigen Farbenblindheit. Im Falle der Schädigung des rechten Teils wird der oder die Betroffene nur die rechte Gesichtshälfte farbig wahrnehmen, während die linke Gesichtshälfte grau erscheint. Diese Erklärung, welche die primäre Ursache des Farbensehens ins Gehirn verlegt, erscheint stimmiger als die, für welche das Auge bzw. die Netzhaut ursächlich ist.

Demnach findet die Konstruktion der Farben im Gehirn statt, was auch durch die Tatsache nahegelegt wird, dass durch Reizung in nur einer der beiden Hemisphären Farbentstehung in nur einer der beiden Gesichtshälften resultiert. Findet die Reizung beispielsweise in der rechten Hemisphäre statt, sind im linken Gesichtsfeld Farben zu sehen. Das umgekehrte spielt sich bei einer Reizung in der linken Hemisphäre ab.

Falsch ist es allerdings zu behaupten, es wäre das Gehirn, das die Farben konstruiert. Das Gehirn ist ein Organ, welches - so komplex sein innerer Aufbau auch sein mag - hauptsächlich aus Eiweiß, Wasser und Fett besteht. Die Farben macht das Unterbewusstsein bzw. das Unbewusste. Vorerst soll auf eine weitergehende Auseinandersetzung mit dieser Thematik verzichtet werden und im Folgenden hierfür nur der Begriff Unbewusstes verwendet werden. Auf jeden Fall lässt sich aus dem Bisherigen für die Erschaffung der Farben (Abb. 22) eine Konstruktionsregel für eben dieses Unbewusste ableiten.

Konstruktionsregel: Entsprechend dem Verhältnis der von elektromagnetischer Strahlung gewisser Wellenlängen unterschiedlich erregten Zapfensorten auf der Netzhaut werden im Gehirn unterschiedliche Farben konstruiert

Diese Erschaffung der Farben durch das Unbewusste hat nichts mit dem Thema „Räumliches" zu tun. Sie ist lediglich eine Voraussetzung hierfür. Aber schon bei den Farbtönen kann Räumliches vom Unbewussten konstruiert werden. Der Einfachheit halber soll im Folgenden die Farbtönung durch eine Grautönung repräsentiert werden, welche - von unten nach oben in ihrer Intensität abnehmend - das Innere einer Kreisfläche ausmacht (Abb. 24). Eigentlich sollte der Betrachter eine Kreisfläche mit einer sich allmählich verändernden Grautönung wahrnehmen, aber - ob er will oder nicht - er sieht eine mehr oder weniger aufgewölbte Halbkugel.

Abb. 24: Von unten nach oben abnehmende Grautönung einer Kreisfläche

Vom Unbewussten wird die sich allmählich verändernde Grautönung als Schatten interpretiert, welcher die räumliche Konstruktion unterstützt. Natürlich kann dies nur dann gelingen, wenn die Form bzw. die Verteilung der sich verändernden Grautönung dergestalt ist, dass sich ein räumliches Objekt daraus deuten lässt. Auch dies kann man auf eine Konstruktionsregel zurückführen.

Konstruktionsregel: Ein zweidimensionales Objekt, das eine sich allmählich verändernde Farbtönung aufweist, wird bei entsprechender Verteilung der Farbtönung als dreidimensionales Objekt interpretiert

Man mag dies als optische Täuschung bezeichnen oder nicht, auf jeden Fall wird Räumliches vorgetäuscht. Die Konstruktion der Farben hingegen ist keine optische Täuschung, sie ist eine optische Kreation, eine Erschaffung durch das Unbewusste. Nur weil diese visuelle Konstruktion so selbstverständlich und alltäglich ist, ist man hierüber nicht weiter erstaunt.

Es sind komplex verschaltete Muster von Hirnströmen in den fraglichen visuellen Kortexarealen im Gehirn, welche das Farbensehen zustande bringen. Dass diese Gehirnaktivitäten, die der wissenschaftlichen Untersuchung zugänglich sind, etwas hervorbringen, was dieser dann verschlossen bleibt, nämlich die Qualia bzw. das subjektive Empfinden, wird allgemein akzeptiert. Die obige Konstruktionsregel bezüglich des Farbensehens lässt sich dementsprechend vereinfachen.

Konstruktionsregel: Aufgrund bestimmter Gehirnzustände bzw. Aktivitäten von Kortexarealen werden bestimmte Farben konstruiert

1.3.2.2.1.2. Formen

Das Sehen von Formen, seien sie zwei- oder dreidimensional, also flächig oder räumlich, ist ähnlich wie das Farbensehen in den visuellen Kortexarealen auszumachen. Die Aktivität spezieller Schichten von Neuronen in den fraglichen Arealen kann experimentell nachgewiesen werden, wenn spezielle Formen gesehen werden. Ob allerdings das Sehen von Formen in Analogie zum Farbensehen ein eben solch kreativer Akt des Unbewussten ist, wird kaum thematisiert.

Möglicherweise ist es schwer vorstellbar, dass Formen nicht der Außenwelt entnommen sein sollen, so wie man das den Farben zugesteht. Aber auf der anderen Seite ist es auch nicht einfach, sich eine Vorstellung darüber zu machen, wie eine Form ins Bewusstsein gelangen bzw. dort abgebildet werden soll.

Eine Form, im einfachsten Fall beispielsweise ein Dreieck, bleibt zunächst erhalten, wenn sie nach dem Durchgang durch die Augenlinse auf der Netzhaut erscheint. Verkehrt herum; aber sie bleibt ein Dreieck. Dann aber bringen nachgeschaltete Neurone die Information zu den visuellen Kortexarealen. Hier gibt es nur noch Hirnströme, d. h. Aktionspotentiale laufen entlang der Nervenbahnen und an den Synapsen finden Ausschüttungen von Neurotransmittern statt. Keine Spur mehr von einem Dreieck (Abb. 25).

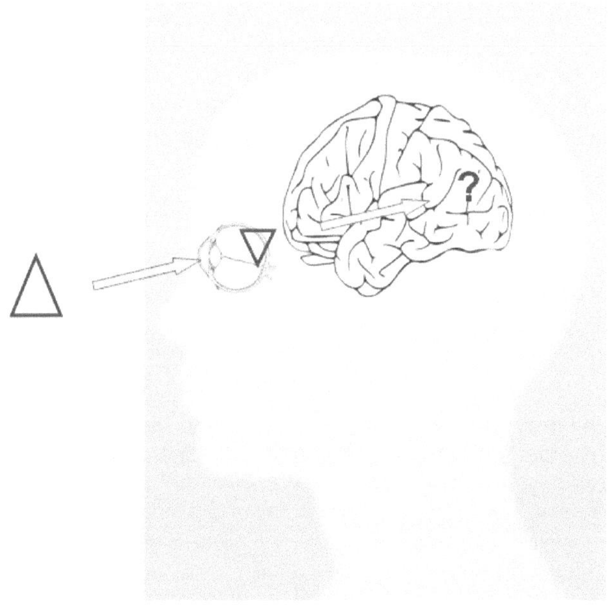

Abb. 25: Transduktion und Repräsentation

Es wird aber ein Dreieck gesehen. Eine Konstruktion auf Grund einer speziellen Konstellation von Hirnströmen? Entsprechen unterschiedliche Gehirnaktivitäten unterschiedlichen Formen im Bewusstsein?

Es dürfte nicht einfach sein, diese Fragen zu beantworten. Auch beim Versuch, das Farbensehen zu verstehen, muss man sich damit begnügen zu akzeptieren, dass gewissen Gehirnaktivitäten gewisse Farben entsprechen. Ob die Formen ebenso kreative Gebilde des Bewusstseins sind oder nicht, lässt sich weder beweisen noch widerlegen. Es bleibt der Ansicht eines jeden Einzelnen überlassen, sich für eine entsprechende Sichtweise zu entscheiden.

Lediglich Hinweise - nicht Beweise - für die Kreativität des Unbewussten können gewisse Phänomene liefern, beispielsweise optische Täuschungen. Das gilt sowohl für zweidimensionale als auch für dreidimensionale Formen (Flächiges und Räumliches).

1.3.2.2.1.2.1. Flächiges

Eine der einfachsten zweidimensionalen Formen, das Dreieck, war bereits Thema. In einer bekannten optischen Täuschung taucht es als weißes Dreieck wieder auf (Abb. 26).

Abb. 26: Subjektives Dreieck (nach Kaniza)

Schaut man sich die Abbildung an, sieht man ein weißes Dreieck mit der Spitze nach oben, welches über schwarzen Scheiben und einem gezeichneten Dreieck liegt. Es scheint heller als der Hintergrund zu sein. Die Helligkeit nimmt noch zu, je länger und entspannter man es ansieht, d. h. je länger man das Unbewusste zur Geltung kommen lässt. Doch für ein Photometer, welches objektiv die Lichtstärke auf der Fläche misst, bliebe das Dreieck unsichtbar. Das subjektive Dreieck ist - ebenso wie ähnliche subjektive Formen in ähnlicher Darstellung (Abb. 27) - eine Konstruktion des Unbewussten. Man könnte auch fragen: Warum sehen wir Dinge, die gar nicht da sind?

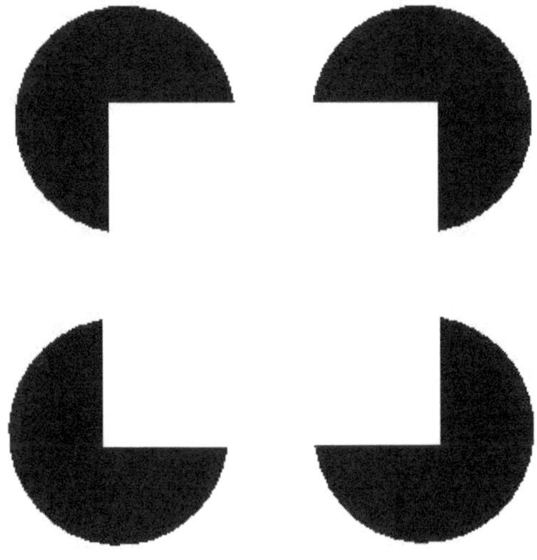

Abb. 27: Subjektives Viereck

Seitens der Wahrnehmungs- und Gestaltpsychologie sind zahlreiche Versuche unternommen worden, um das Zustandekommen solcher subjektiver Flächen zu erklären und Regeln zu finden, nach denen man ihre Entstehung verstehen kann. Im vorliegenden Fall scheint das intuitive Suchen nach einfachen Formen (schwarze Scheiben, gezeichnetes Dreieck), die scheinbar verdeckt werden, eine Rolle zu spielen. Begünstigt wird das Zustandekommen der subjektiven Flächen, wenn die Ausgangsformen Einkerbungen (schwarze Scheiben) oder Auslassungen (gezeichnetes Dreieck) aufweisen. Dies ließe sich zu folgender Konstruktionsregel verallgemeinern.

Konstruktionsregel: Liegen einfache Formen - möglichst mit Einkerbungen oder Auslassungen - in geeigneter Konfiguration vor, werden hierüber subjektive Flächen konstruiert

Diese Regel ist natürlich nur ein Beispiel und deckt keineswegs das gesamte Spektrum des Phänomens der subjektiven Flächen ab. Hierfür wurden und werden von der Wahrnehmungs- und Gestaltpsychologie zahlreiche Erklärungsmöglichkeiten entwickelt. Nicht alle Phänomene lassen sich zurzeit erklären und das entsprechende Regelwerk ist alles andere als konsistent.

Soviel zur Psychologie des Entstehens von subjektiven Flächen im Bewusstsein durch die Kreativität des Unbewussten. Einen Beitrag der Neurowissenschaft hierzu gibt es insofern, als man das Entstehen von noch einfacheren Elementen, von Linien, neurologisch nachvollziehen kann. So gibt es auf der Netzhaut Bereiche, sogenannte rezeptive Felder, denen im visuellen Kortexareal nur ein einziges Neuron entspricht, welches in der Lage ist, beim Auftreten von Linien und deren Orientierung im Gesichtsfeld seine Aktivität zu erhöhen. Linien sind auf der Netzhaut als Erregung einzelner nebeneinander liegender Zapfen repräsentiert und diese Information wird schließlich im Zentralnervensystem mittels komplexer Verarbeitungsschritte zu einer kontinuierlichen Linie im Bewusstsein konstruiert.

Möglicherweise könnte ähnlich wie beim Farbensehen, wonach aufgrund bestimmter Gehirnzustände bestimmte Farben zu konstruieren sind, für das Formensehen eine analoge Konstruktionsregel gelten.

Konstruktionsregel: Aufgrund bestimmter Gehirnzustände bzw. Aktivitäten von Kortexarealen werden bestimmte Formen konstruiert

Diese Regel kann für zweidimensionale Formen zutreffen. Aber auch dreidimensionale Formen sind letztendlich Konstruktionen.

1.3.2.2.1.2.2. Räumliches

Dass man dreidimensionale Objekte, also Räumliches, sehen kann, wenn man entsprechende zweidimensionale Bilder betrachtet, ist nichts Neues. Man braucht sich nur perspektivische Zeichnungen anzusehen. Aber nicht immer ist das so einfach.

Ein sich aus sechs gleichseitigen Dreiecken zusammensetzendes Sechseck wird als solches gesehen und gibt kaum Anlass, daraus etwas Räumliches zu konstruieren (Abb. 28).

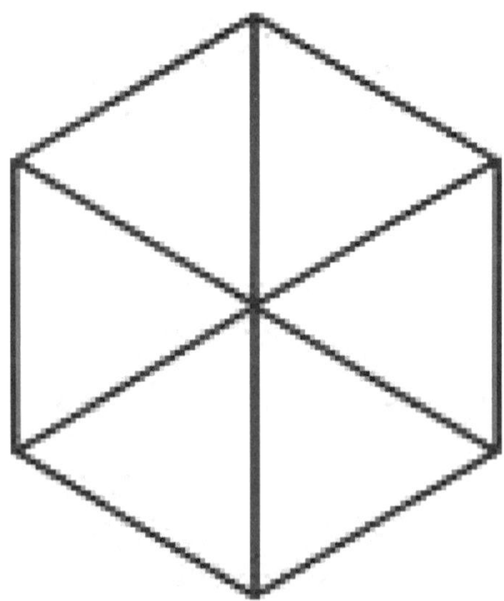

Abb. 28: Sechseck, aus gleichseitigen Dreiecken zusammengesetzt

Wenn es allerdings in der Mitte etwas modifiziert wird, deutet sich an, dass vielleicht doch noch etwas Räumliches daraus zu machen ist (Abb. 29). Ein Würfel ließe sich vielleicht visuell konstruieren.

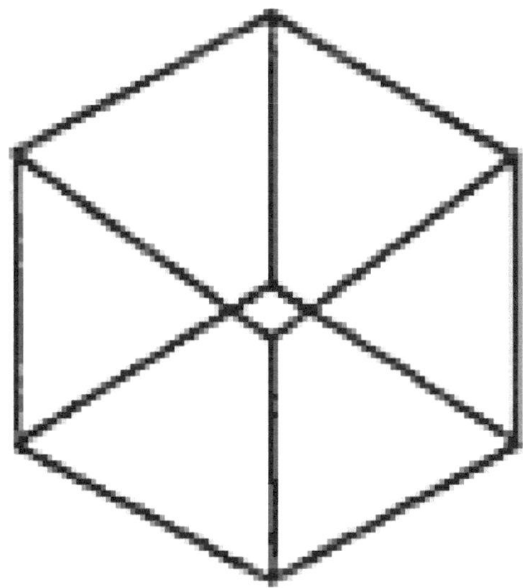

Abb. 29: Modifiziertes Sechseck

Schaut man sich jetzt noch einmal das nicht modifizierte Sechseck an (Abb. 28), wird klar, dass man auch hierbei einen Würfel sehen kann. Nur ist die Perspektive ziemlich unwahrscheinlich, da sich die Kanten des Würfels in der Ansicht gerade so treffen, dass sie sich zu geraden Linien zusammensetzen.

Schon hier wird klar, dass es letztendlich eine - wenn auch meist unbewusste - Interpretation ist, ob ein Objekt als etwas Flächiges oder als etwas Räumliches gesehen wird. Und selbst wenn die Entscheidung für das Räumliche gefallen ist, sind noch weitere Interpretationen möglich. Eine der bekanntesten Figuren, die eine räumliche Interpretation von etwas Flächigem nahelegen, ist der Necker-Würfel (Abb. 30).

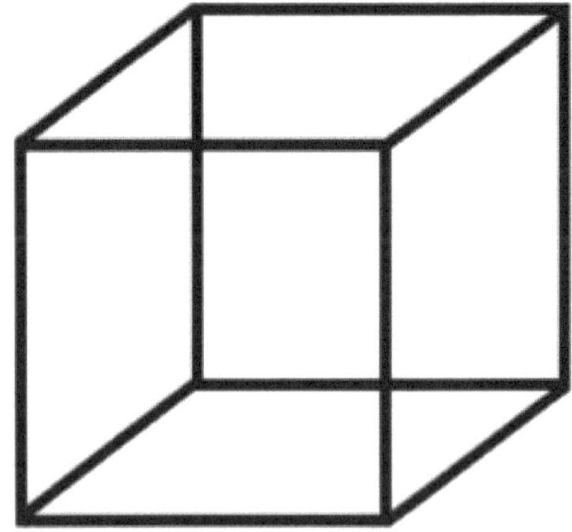

Abb. 30: Necker-Würfel

Aber auch er hat seine Tücken. Denn manchmal sieht man ihn von leicht oben und manchmal von leicht unten (Abb. 31). Beide räumliche Interpretationen sind gleichwertig, aber eine flächige Interpretation dürfte so gut wie keine Rolle spielen.

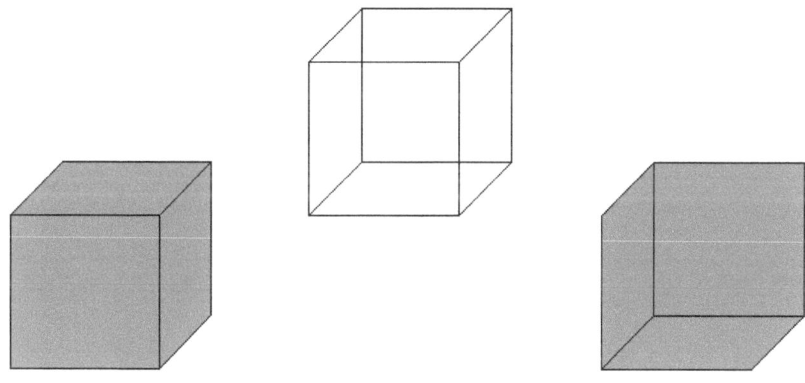

Abb. 31: Necker-Würfel, zwei Sichtweisen

Auch hier haben die Wahrnehmungspsychologen versucht herauszufinden, nach welchen Regeln die räumlichen Konstruktionen erfolgen bzw. unter welchen Bedingungen sie stattfinden. Das Forschungsgebiet ist umfangreich und wird intensiv bearbeitet, doch vieles ist noch unklar. Es würde auch zu weit führen, diese Thematik zu vertiefen. Allerdings sollte es sich lohnen, aufgrund der wenigen aufgeführten Beispiele zu versuchen, einige Konstruktionsregeln hierfür abzuleiten. Folgende Regel sollte den Übergang von flächigen zu räumlichen Formen beschreiben.

Konstruktionsregel: Liegen flächige Formen in geeigneter Konfiguration vor, werden hieraus räumliche Formen konstruiert

Dieser Regel liegt die Tatsache zu Grunde, dass das Unbewusste aus den flächigen Bildern auf der Netzhaut räumliche Objekte konstruiert. Aber bekanntlich liegt der Teufel im Detail und die Einschränkung „in geeigneter Konfiguration“ muss durch weitere Regeln spezifiziert werden.

Konstruktionsregel: Liegen mehrere Interpretationsmöglichkeiten vor, wird die wahrscheinlichste bzw. plausibelste Möglichkeit bevorzugt

Wie schon erläutert ist demnach eine räumliche Interpretation des nicht modifizierten Sechsecks (Abb. 28) wegen der unwahrscheinlichen Perspektive eines möglichen räumlichen Objekts keine geeignete Deutung. Hierbei hilft auch eine weitere Konstruktionsregel.

Konstruktionsregel: Liegen gerade Linien in einer flächigen Form vor, so werden diese auch als solche in einer davon möglicherweise abgeleiteten räumlichen Form interpretiert

Mit den geraden Linien innerhalb des nicht modifizierten Sechsecks (Abb. 28) lässt sich kaum ein räumliches Objekt konstruieren. Fallen diese weg (Abb. 29) ist eine räumliche Konstruktion plausibel.

Die Wahrnehmungspsychologie hat noch viele ähnliche und auch andersartige Konstruktionsregeln entwickelt. Es scheint so zu sein, dass im Unbewussten eine Kreativität dafür sorgt, aus Flächigem wenn irgendwie möglich Räumliches zu projizieren. Bei manchen zweidimensionalen Bildern lässt sich ein dreidimensionaler Eindruck kaum vermeiden (Abb. 32).

Abb. 32: Wellenförmige Oberfläche

Auch für das räumliche Sehen im Alltagsleben, das visuelle Wahrnehmen mittels der Tiefe, ist diese unbewusste Kreativität notwendig. Die Informationen der beiden belichteten Netzhautflächen werden mittels Neuronen in die visuellen Areale des Gehirns geschickt, wo sie nicht zu zwei einzelnen Wahrnehmungen, sondern zu einer einzigen räumlichen Wahrnehmung konstruiert werden (Stereopsis). Ähnlich wie bei den oben geschilderten Beispielen für die Umsetzung von zwei- in dreidimensionale Formen (Abb. 28 bis 32) gibt es auch hier verschiedene Interpretationsmöglichkeiten, sodass auch hier gewisse Regeln für eine Auswahl sorgen. Wahrnehmungspsychologen nennen sie phylogenetisch internalisierte Regularitäten; man könnte auch von einem a-priori-Wissen sprechen, welches nicht der willentlichen Kontrolle unterliegt.

Beispielsweise treten solche Effekte bei der Perspektive auf, d. h. beim Konstruieren der räumlichen Repräsentanz des Wahrgenommenen. Sozusagen eine unbewusste visuelle Intelligenz entscheidet über die adäquate Interpretation. Bei vielen optischen Täuschungen wird dies unmittelbar deutlich (Abb. 33 und 34).

Abb. 33: Baumstämme auf Geleisen

Abb. 34: Kanten und Ecken

Normalerweise suggeriert die Perspektive, dass das, was sich in der dreidimensionalen Vorstellung innerhalb perspektivisch zusammenlaufender Linien „weiter hinten" befindet, genauso groß ist, wie ein sich zwischen eben diesen Linien „weiter vorne" befindendes entsprechendes Objekt. Infolge einer Übertreibung dieser Interpretationsweise werden dann Objekte, die im zweidimensionalen Bild gleich groß sind (Abb. 33 und 34), so interpretiert, dass das in der dreidimensionalen Vorstellung „weiter hinten" liegende Objekt größer erscheint. Beim Generieren von räumlichen Vorstellungen sind demnach Mechanismen am Werk, welche die unmittelbare Information manipulieren.

Auch beim Betrachten von sogenannten Stereogrammen findet eine Manipulation des Unbewussten statt. Es wird die Tatsache ausgenutzt, dass zwei Netzhautbilder aus leicht unterschiedlicher Perspektive im visuellen Areal des Gehirns zu einer räumlichen Konstruktion verschmolzen werden. Früher waren das u. a. zweifarbige Bilder, die mit einer zweifarbigen Stereobrille betrachtet wurden, wobei die beiden monochromen Bildteile den beiden leicht unterschiedlichen Aspekten des Gesamtbilds entsprachen. Ohne eine solche Stereobrille lässt sich das ganze auch so bewerkstelligen, dass man sich die dem linken und die dem rechten Auge präsentierenden leicht unterschiedlichen Bilder mit beiden Augen getrennt ansieht. Beispielsweise muss man bei der Betrachtung der beiden Perspektiven eines durchsichtigen Würfels (Abb. 35) nur ein Stück Karton zwischen die beiden Bilder halten, sodass das linke Auge nur das linke Bild und das rechte Auge nur das rechte Bild sieht, um nach einer Weile zu einem räumlichen Eindruck des durchsichtigen Würfels zu gelangen. Meistens ist etwas Geduld nötig, um dem Unbewussten Zeit zu geben, aus dem Gegebenen etwas Räumliches zu konstruieren.

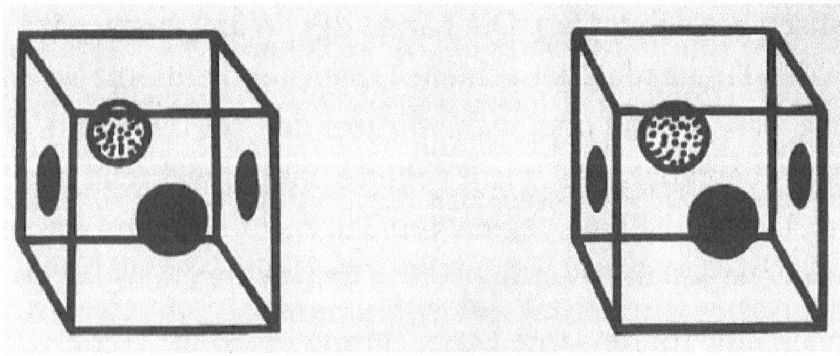

Abb. 35: Durchsichtiger Würfel

Mit der Weiterentwicklung der Computertechnologie gelang es Mitte der 1980er Jahre mittels aufwändiger Rechenoperationen, die beiden leicht unterschiedlichen Bilder in einem einzigen Bild unterzubringen, ohne dass zusätzliche Hilfsmittel notwendig sind (SIS-Technik). Man muss nur das fragliche 3-D-Bild nahe an die Augen heranbringen (ca. 20 cm), letzteres entspannt anschauen und dann das Bild langsam von diesen wegbewegen (bis zu ca. 80 cm). Nach einiger Zeit und bei weiterhin entspanntem Zustand erscheint eine dreidimensionale Form (Abb. 36 bis 38).

Abb. 36: 3-D-Bild

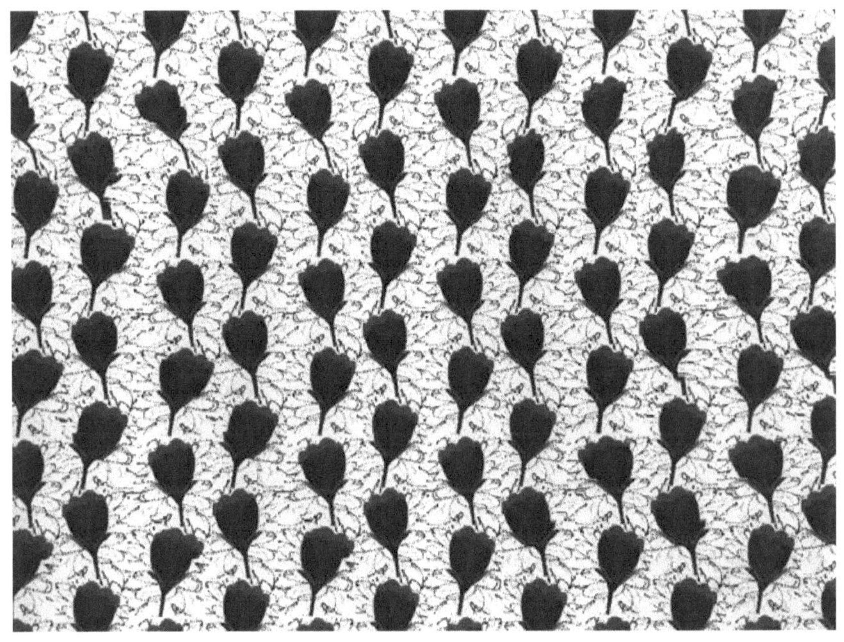

Abb. 37: Herz

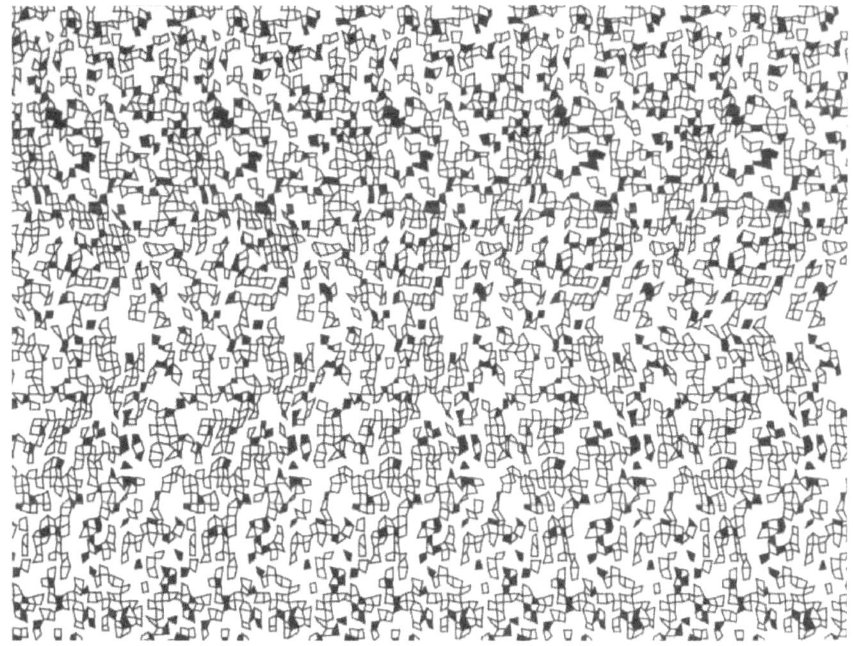

Abb. 38: Stern

Mit Geduld und etwas Übung ist es nur eine Frage der Zeit, bis die räumlichen Projektionen erscheinen. Es würde zu weit führen, auf die nicht ganz triviale Technologie der Computer-Stereogramme und die daraus folgende wahrnehmungspsychologische Interpretation der resultierenden Zufallspunkt-Raumbilder einzugehen. Es genügt zu wissen, dass auch hier aus zweidimensionalen Bildern im Unbewussten dreidimensionale Projektionen entstehen.

Was das Sehen im Alltagsleben angeht, so wird entsprechend den Ergebnissen der Hirnforschung der dreidimensionale Ort eines Gegenstandes im visuellen Raum über die zweidimensionalen Abbildungen dieses Gegenstandes auf der linken und auf der rechten Netzhaut, deren Abweichungen voneinander (Disparitäten) sowie über die Augenstellung und die Linsenakkomodation bestimmt. Das mit dieser Bestimmung bzw. Errechnung erhaltene visuelle Räumliche, in der die Außenwelt erscheint, ist damit ebenso ein Konstrukt wie die Modalitäten (Sehen, Hören, …) und die Qualitäten (Farbe und Form beim Sehen, Lautstärke und Tonhöhe beim Hören) der wahrgenommenen Inhalte.

Was übrigens die Modalität „Hören" angeht, lässt sich auch hier an einem einfachen Beispiel zeigen, dass das akustisch Räumliche ebenfalls ein Konstrukt des Unbewussten ist. Wer sich einmal einen Beamer mit angeschlossenem DVD-Rekorder angeschafft hat, weiß, dass beim Abspielen einer DVD nach ein paar Minuten der Ton von der Leinwand - also von vorne - zu kommen scheint, obwohl dieser von den Boxen des Beamers - also von hinten - abgestrahlt wird. Am schnellsten stellt sich diese Illusion ein, wenn man die Lippenbewegungen der Schauspieler oder das Vorbeifahren von Fahrzeugen visuell verfolgt, denn das Unbewusste kann nicht zulassen, dass vorne etwas passiert und der dazu gehörende Ton kommt von hinten. Dieser Widerspruch wird durch die Illusion des von vorne kommenden Tons aufgelöst. Auch hier zeigt sich, dass das Räumliche, diesmal akustisch verursacht, unbewusst konstruiert wird.

Demnach scheint es nicht ganz unplausibel zu sein, dass die vorgestellte dreidimensionale Welt, also das Räumliche, ein Konstrukt des Unbewussten ist. Weniger bekannt dürfte allerdings die Annahme sein, dass auch zweidimensionale Formen einer solchen Kreativität entspringen und keine Abbilder der Außenwelt sind. Insofern scheint die bei der Wahrnehmung stattfindende Projektion von Formen weniger illusionär zu sein als die von Farben. Bezogen auf die Aktivitäten im Gehirn lässt sich dies hinsichtlich einer allgemeinen Akzeptanz komprimiert folgendermaßen festhalten:

Gehirnaktivitäten (Zustand X) projizieren Farben: allgemein akzeptiert

Gehirnaktivitäten (Zustand Y) projizieren Formen: kaum thematisiert

Möglicherweise wird die Projektion von Formen als weniger illusionär angesehen, weil deren Entstehung nicht nur mittels des visuellen Sinns, sondern auch mittels des Tastsinns zustande kommt und damit besser abgesichert scheint (Abb. 39). Je mehr Sinnesmodalitäten bei der Wahrnehmung, also der Konstruktion von Repräsentationen, involviert sind, desto realer erscheint die Außenwelt. So wirkt ein Regenbogen, der nur durch die Modalität „Sehen“ wahrgenommen werden kann, weniger real, als ein Fernsehgerät auf der Schrankwand, das durch die Modalitäten „Sehen“, „Tasten“ und „Hören“ seine Realität plausibel macht.

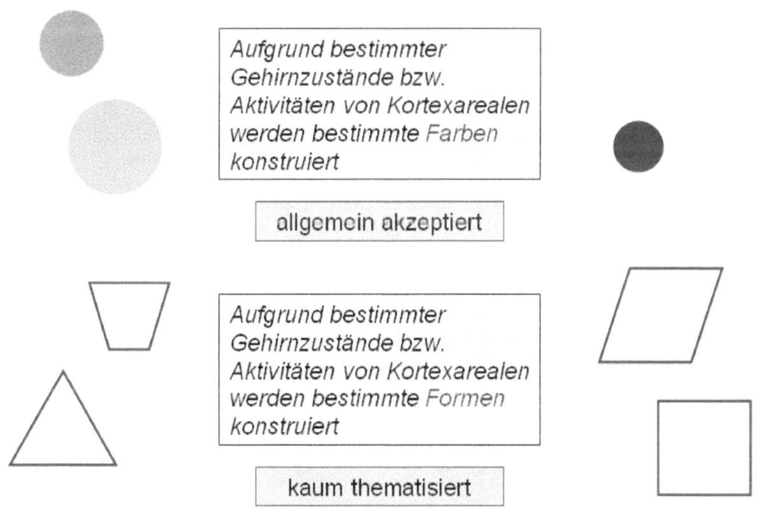

Abb. 39: Elementare Konstruktionsregeln

Hinweise auf das Zustandekommen von Farben und Formen aus dem Unbewussten lassen sich aus Erfahrungen ableiten, die in eher unbewusstem als in bewusstem Zustand erhalten werden. Gemeint ist die Meditation in tiefer Versenkung, von der Meditierende berichten, dass ihnen räumliche konzentrische Muster mit einer Vielzahl von Farben und Formen erschienen seien. Diese Muster entwickeln sich, formen sich um, verschwinden und bilden sich wieder neu. Ähnlichkeit haben diese abstrakten und multidimensionalen Kreationen mit tibetischen Mandalas, die möglicherweise Symbole solch abstrakter, während der Meditation erhaltener, Strukturen sind (Abb. 40).

Abb. 40: Mandala

Auch Petroglyphen, uralte Ritzzeichnungen, die weltweit vorkommen und deren Bedeutung nur teilweise entschlüsselt ist, weisen konzentrische Strukturen auf, die an solche Darbietungen von Formen denken lassen (Abb. 41).

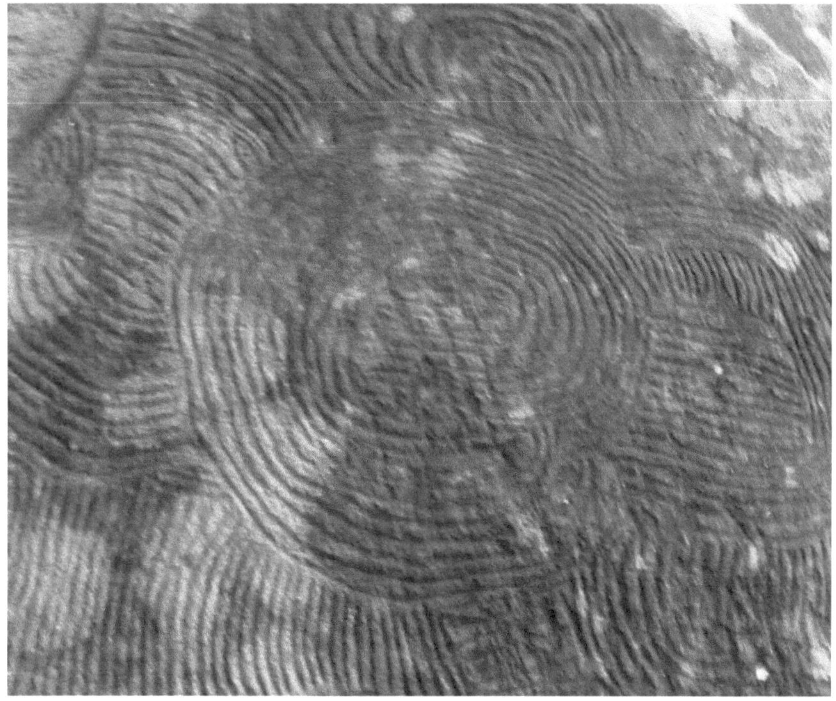

Abb. 41: Petroglyphen

1.3.2.2.2. Fühlen

Fühlen bzw. Tasten (Fühlen eher passiv, Tasten eher aktiv) galt für den bereits erwähnten Berkeley als die grundlegendste Empfindungsart. Während die durch das Tasten wahrgenommenen Größen der jeweiligen Objekte konstant erscheinen, sind die durch das Sehen erhaltenen Größen variabel. Denn je nach Entfernung von den fraglichen Objekten werden deren Abbilder auf der Netzhaut verschieden groß wahrgenommen. So kommt nach Berkeley die Einbildung der visuellen Entfernung durch Erfahrung mittels des Tastsinns zustande. Überhaupt ist nach seiner Überzeugung die aufgrund der visuellen Wahrnehmung erhaltene Vorstellung des Räumlichen (Entfernung, Form) Täuschung.

Was den heutigen Wissensstand bezüglich des Tastsinns angeht, ähneln die prinzipiellen Mechanismen des Fühlens bzw. Tastens denen des visuellen Sinns, d. h. Reize der Außenwelt werden in Nervenimpulse transduziert, welche dann ins Gehirn weitergeleitet werden. Nur spricht man nicht von Tastsinn sondern von Mechanosensorik und die Außenreize werden von der Haut und nicht von der Netzhaut aufgenommen. Allerdings ist die Reizaufnahme mittels der Haut komplexer und weniger allgemein bekannt als die über die Netzhaut mit ihren Stäbchen und Zapfen.

Durch mechanische Reizung, d. h. durch Kraft- bzw. Druckeinwirkung, werden auf molekularer Ebene Ionenkanäle geöffnet und geschlossen, wodurch elektrochemische Ströme resultieren, welche den Reiz in den neuronalen Code überführen. Hierbei befindet sich unterhalb der menschlichen Hautoberfläche eine Vielzahl unterschiedlichster mechanosensorischer Sinneszellen, die für die verschiedenen Modalitäten und Qualitäten der Reizeinwirkung zuständig sind. So wird die Intensität einer Druckeinwirkung von den sogenannten Merkel-Zellkomplexen registriert, während die Geschwindigkeit dieser Einwirkung von den Meissner-Körperchen gemeldet wird. Für die Beschleunigung einer Formänderung sind die Pacini-Korpuskeln zuständig und für andere Informationen andere Sinneszellen. Ohne hierauf näher einzugehen, bedeutet dies, dass verschiedene Reizinformationen verschieden transduziert, d. h. in elektrochemische Aktionspotentiale umgeformt und letztendlich an die Kortexareale des Gehirns weitergeleitet werden (Abb. 42).

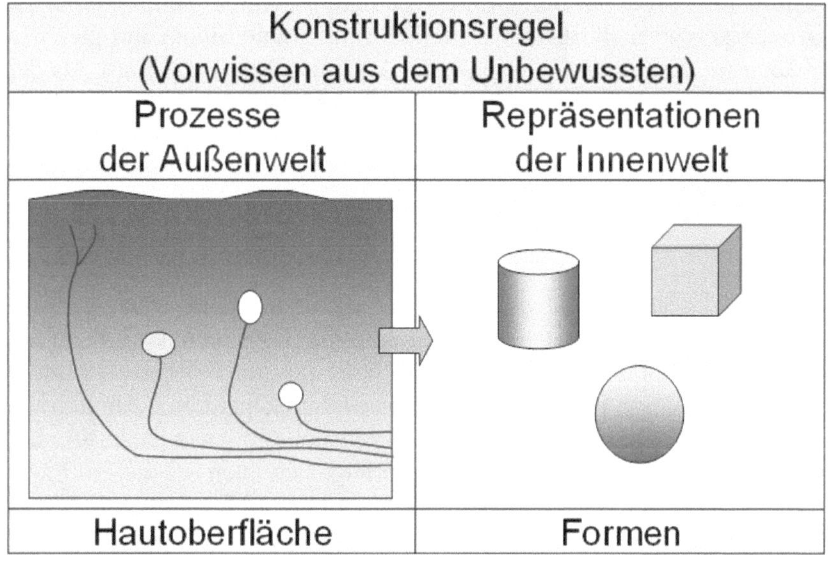

Abb. 42: Mechanosensorik

An den tastenden Fingerspitzen beträgt die Dichte der oberflächennahen Merkel- und Meissner-Komplexe ca. 200 Sinneszellen pro cm^2. Auf der Handfläche geht diese Zahl auf 20 Sinneszellen pro cm^2 zurück. Die Unterschiedlichkeit dieser ein Hautareal charakterisierenden Anzahl an Sinneszellen gilt durchgehend bis in den Kortex, d. h. bis ins Gehirn. Beispielsweise werden die relativ kleinen Flächen der Hände im Kortex durch ähnlich viele Neurone repräsentiert wie der gesamte Rumpfbereich. Hierbei bleiben in der Projektion der Hautareale auf den Kortex die Nachbarschaftsbeziehungen dieser Areale trotz der verzerrten Größenrelationen topologisch erhalten.

Damit ist man wieder - ähnlich wie im Fall der visuellen Wahrnehmung - bei den Kortexarealen angelangt. Hier findet in den entsprechenden Bereichen das Fühlen und das Tasten statt. Unbeantwortet bleibt die Frage, ob Berkeley Recht hatte, wenn er den Tastsinn für grundlegender hielt als den visuellen Sinn. Beide Sinne sind gleichermaßen im Unbewussten verankert. Auch der Tastsinn kreiert aus den gefühlten und getasteten Sinnesdaten, welche ins Gehirn strömen, räumliche Vorstellungen. Dieses Räumliche scheint ein anderes zu sein, wie jenes, das aus dem visuellen Sinn resultiert, und es bleibt offen, wie beides vom Unbewussten kompatibel gemacht wird.

Dass das durch Fühlen bzw. Tasten erhaltene Räumliche eine Konstruktion ist, die aus dem Gehirn kommt, lässt sich beispielsweise durch ein Experiment plausibel machen, das unter der Bezeichnung "Die eingebildete Hand" bekannt wurde (Ramachandran). Ähnlich wie die optischen Täuschungen im Fall des visuellen Sinns nahelegen, dass Räumliches unbewusst kreiert wird, drängt sich auch bei diesem Experiment die Schlussfolgerung auf, dass Analoges im Fall von Fühlen und Tasten vor sich geht.

Man benötigt hierfür nur ein paar Utensilien: einen Sichtschutz (z. B. ein Karton, der durch Gegenstände senkrecht stehend gestützt wird) und eine möglichst realistische rechte Gummihand (solche Attrappen sind beispielsweise im Scherzartikelhandel erhältlich, u. a. zu beziehen im Internet ...). Man legt nun seine rechte Hand so hinter den Sichtschutz, dass man sie nicht mehr sieht, und platziert vor sich gut sichtbar in einer ähnlichen bzw. parallelen Position die rechte Gummihand. Schließlich braucht man noch einen Helfer, der sowohl die rechte Hand als auch die rechte Gummihand synchron und in zufälligem Rhythmus zeitweise antippt und zeitweise streichelt (Abb. 43). Hierbei sollte man - ähnlich wie bei den optischen Täuschungen - möglichst gelassen und entspannt sein.

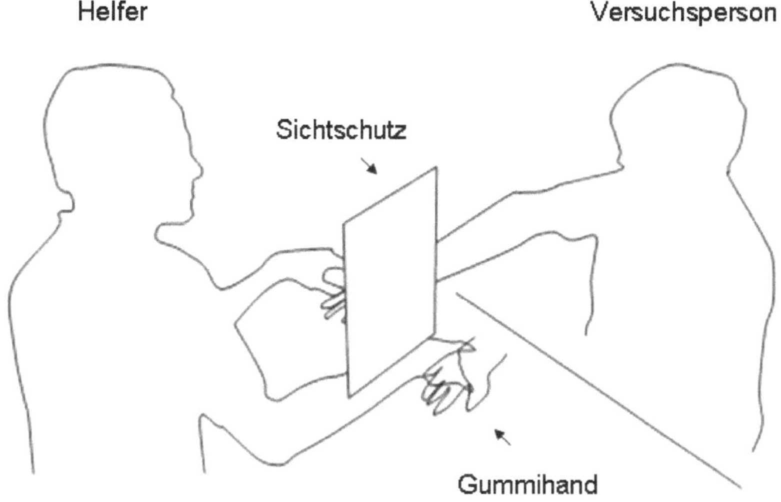

Abb. 43: Experiment "Die eingebildete Hand"

Nach einigen Minuten hat man das Gefühl, dass die Berührungen nicht an der eigenen nicht sichtbaren Hand, sondern an der sichtbaren Gummihand gespürt werden. Manchmal kann es etwas länger dauern, bis diese Empfindung eintritt und man benötigt einen zweiten oder dritten Anlauf des Experiments. Manchmal erfolgt diese Empfindung auch nicht abrupt, sondern es ist ein Abklingen des Fühlens in der eigenen Hand und ein allmähliches Ansteigen des Fühlens in der Attrappe zu spüren. Mit Geduld und Übung ist es nur eine Frage der Zeit, bis der Effekt der „eingebildeten Hand“ eintritt. Man sollte auch nicht erstaunt sein, wenn bei einigen Versuchspersonen aufgrund des neuen mysteriösen Gefühls so etwas wie Heiterkeit auftritt. Die statistische Auswertung des Versuchs mit Hilfe von Fragebögen ergibt, dass die Signifikanz der Aussage der Versuchspersonen, an der Stelle der Gummihand berührt zu werden, sehr hoch ist (Botvinick).

Die Illusion der „eingebildeten Hand“, d. h. die räumliche Projektion des Fühlens auf einen Gegenstand, der nicht zum Körper gehört, beruht auf dem unbewussten Prinzip der Wahrnehmung, die Informationen unterschiedlicher Sinnesmodalitäten kompatibel zu machen. Es wird automatisch die Plausibilität geprüft, ob beide Wahrnehmungen - die nicht sichtbare aber gefühlte Berührung der echten Hand und die nicht gefühlte aber beobachtete Berührung der Gummihand - zufällig und unabhängig voneinander oder zusammengehörig und in einem Ereignis stattfinden. Die Entscheidung fällt unbewusst zu Gunsten der letzteren Annahme, allerdings auf Kosten eines Realitätsverlusts, insofern das gefühlte Räumliche auf die Attrappe projiziert wird. Die Gummihand wird vorübergehend in das Körperbild integriert. Mit Hilfe des geschilderten Experiments lässt sich so plausibel machen, dass auch im Fall des Fühlens vom Gehirn, d. h. von den entsprechenden Kortexarealen, eine Projektion des Räumlichen ausgeht.

1.3.2.2.3. Schmerzen

Ebenso wie Fühlen und Tasten stellen Schmerzen eine eigene Sinnesmodalität dar. Bei Einwirkung von tatsächlich oder potentiell gewebeschädigenden Reizen auf den Organismus werden Neuronen aktiviert, die diese Informationen mittels des peripheren und zentralen Nervensystems verarbeiten. Diese als Nozizeption bezeichnete Aufnahme, Weiterleitung und Verarbeitung der Reize führt zu Schmerzempfindungen und zu Reaktionen, welche die Einwirkung noxischer, d. h. schmerzauslösender, Reize zu vermeiden suchen. Zielgebiete der Reizweiterleitung sind u. a. Hirnstamm, Thalamus und Kortex.

Werden beispielsweise Kortexareale elektrisch gereizt, können Schmerzempfindungen hervorgerufen werden. Läsionen dieser Gehirnregionen können sowohl zu einer Reduzierung als auch zu einer Auslösung von Schmerzen führen. Solche Befunde machen deutlich, dass

Neurone im Gehirn beim Zustandekommen von Schmerzempfindungen die entscheidende Rolle spielen.

Nun gibt es eine spezielle Art von Schmerzen, die dann auftreten, wenn Menschen ein Körperteil verloren haben. Diese Schmerzen werden dort empfunden, wo sich vorher das fehlende Körperteil befunden hatte. Solche Schmerzen sind als Phantomschmerzen bekannt (Abb. 44).

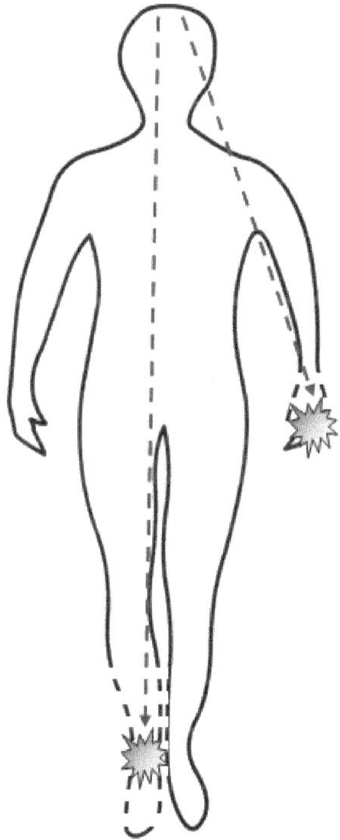

Abb. 44: Räumliche Projektion von Phantomschmerzen

Fehlende Körperteile sind meistens Gliedmaßen, wie Arme oder Beine, die durch Amputation entfernt worden waren. Gleich nach einer Operation kann das Phantomgefühl so real sein, dass beispielsweise Beinamputierte vergessen, dass ihr Bein nicht mehr vorhanden ist: Sie fallen hin, wenn sie aufstehen wollen, oder sie greifen nach unten, um sich an dem nicht vorhandenen Fuß zu kratzen. Dabei empfinden sie nicht nur Form und Lage der amputierten Gliedmaßen, sondern auch Juckreiz, Wärme und Schmerzen in den nicht mehr vorhandenen Körperteilen. Von diesen Phantomschmerzen können sie die Ärzte meistens nicht befreien. Bestenfalls Techniken wie Meditation oder Biofeedback können Linderung verschaffen.

Bei Menschen, denen von Geburt an Gliedmaßen fehlen, beispielsweise bei ehemaligen Contergan-Kindern, treten Phantomgefühle eher selten auf. Wenn sie sich dennoch bemerkbar machen, sind sie - anders wie nach Amputationen - meistens schmerzfrei. Menschen, die ohne Hände geboren werden, spüren Finger, die gekrümmt werden können. Mit verkürzten Armen auf die Welt gekommene Menschen haben das Gefühl, die Arme seien länger, als sie tatsächlich sind.

Anfangs glaubten die Mediziner, dass nach Amputationen Phantomempfindungen von Nervenimpulsen aus dem verbliebenen Stumpf hervorgerufen würden. Neurome, kleine Knoten, die sich an den Enden der durchtrennten Nerven bilden, sollten der Ausgangspunkt dieser Impulse sein. Letztere sollten dann in den Kortexarealen die Phantomempfindungen auslösen. Allerdings wurde diese Hypothese widerlegt, als man versuchte, die Phantomschmerzen chirurgisch zu lindern. Das Durchtrennen der von den Neuromen ausgehenden Nerven kurz vor der Einmündung ins Rückenmark brachte nur eine vorübergehende Linderung. Die Phantomschmerzen traten bald wieder auf. Auch die Tatsache, dass Menschen, denen von Geburt an Gliedmaßen fehlen, Phantomempfindungen haben, obwohl deren Nerven nicht verletzt sind, widerlegt die oben erwähnte Hypothese.

Phantomschmerzen können auch auftreten, wenn nur die Empfindungsfähigkeit in einem Körperteil verloren geht und nicht das Körperteil selbst. Beispielsweise hat nach manchen Unfällen ein verletzter Arm keinerlei Reaktionsvermögen mehr und es bildet sich ein Phantomarm, der äußerst schmerzhaft sein kann. Schließt der Verletzte die Augen, kann sich der Phantomarm vom tatsächlichen Arm lösen und selbstständig werden. In der Hoffnung, die Schmerzen zu lindern, wurde in manchen Fällen der echte Arm amputiert. Allerdings gingen die Schmerzen nur selten zurück. Bei Querschnittsgelähmten kommt es manchmal vor, dass deren Phantombeine ständige Kreisbewegungen ausführen, auch wenn sie ganz ruhig im Bett liegen. Aber nicht nur ein abgetrennter, sondern auch ein betäubter Nerv kann Phantomgliedmaßen entstehen lassen, was öfters nach einer Anästhesie beobachtet werden kann. Nach dem Abklingen der Betäubung geht das Phantomempfinden später wieder zurück.

Nicht nur bei fehlenden und empfindungslosen, sondern auch bei künstlichen Gliedmaßen können Phantomgefühle auftreten. Es kommt zu einer regelrechten Verschmelzung der gefühlten Phantomgliedmaßen mit den künstlichen Gliedmaßen, den Prothesen (s. Experiment "Die eingebildete Hand"). Dies ist wichtig für die Gewöhnung der Amputierten an ihre Prothesen, insofern die Steuerung der Bewegungen der Prothesen besser eingeschätzt werden kann. Anfangs besteht zwischen vorgestelltem und künstlichem Körperteil keine Beziehung, doch dann kommen beide immer mehr zusammen, bis sie schließlich zur räumlichen Deckung gelangen. Die Prothese wird gleichsam von der Phantomvorstellung belebt. Wird die Prothese abgenommen, beispielsweise zum Schlafen, kann es passieren, dass Phantomschmerzen auftreten.

Ein den Phantomempfindungen umgekehrtes Phänomen kann auftreten, wenn krankheitsbedingt Kortexareale ausfallen, die für die Eigenwahrnehmung des Körpers zuständig sind. Davon können Gliedmaßen betroffen sein oder der gesamte Körper, so dass beispielsweise im letzteren Fall das Gefühl resultiert, keinen Körper mehr zu besitzen

(O. Sacks). Nur noch mittels visueller Wahrnehmung und Kontrolle können dann lebensnotwendige Bewegungen notdürftig durchgeführt werden. Der Vergleich dieses Phänomens der Nichtzugehörigkeit mit dem des Phantomempfindens zeigt, wie entscheidend die Aktivität von Kortexarealen für die räumliche Wahrnehmung des Körpers ist (Abb. 45).

Kortexareal	Körper(teil)	Wahrnehmung des Körper(teil)s	Phänomen
+	-	+	Phantomempfindung
-	+	-	Nichtzugehörigkeit

Abb. 45: Aktivität von Kortexarealen und Körperwahrnehmung

Die Beispiele für Phantomempfindungen bzw. -schmerzen ließen sich fortsetzen, aber es genügt festzustellen, dass das Frappierende der Phantomempfindungen ist, dass Räumliches dort vorgestellt wird, wo nichts ist. Im Gegensatz zu den Sinnesmodalitäten Sehen oder Fühlen laufen keine Informationen der Außenwelt ins Gehirn. Dennoch wird von hier das Räumliche des Nichtvorhandenen projiziert. Insofern sind die Phantomempfindungen im Vergleich zu den anderen Sinnesmodalitäten der eindrucksvollste Hinweis, dass das Räumliche dem Unbewussten entspringt. Noch weiter ging Lord Nelson, der britische Admiral, der 1797 bei einer erfolglosen Landeoperation auf Teneriffa seinen rechten Arm verlor, mit der Aussage, sein Phantomarm sei ihm der Beweis für die Existenz der Seele.

1.3.3. Konstruktivismus

Dass das Räumliche vom Gehirn projiziert wird, könnte auch den Aussagen des Konstruktivismus entnommen sein. Dieser - in seiner konsequenten Formulierung als Radikaler Konstruktivismus bezeichnet - ist eine Erkenntnistheorie, die sich aus den neueren Entwicklungen der Neurowissenschaften, der Kybernetik, der Psychologie und der Philosophie ableitet und die Grundannahme vertritt, dass Wahrnehmung als Konstruktionsprozess zu verstehen ist. Die Wirklichkeit ist ein Konstrukt des Gehirns, sie wird nicht gefunden, sondern erfunden.

Eigentlich ist diese Weltsicht nicht wirklich neu, sie hat ihre Vorläufer beispielsweise im Idealismus eines Berkeley (dieser selbst spricht von Immaterialismus) oder in der Transzendentalphilosophie eines Kant. Lediglich die neueren Erkenntnisse der obengenannten Wissenschaftsdisziplinen, vor allem die der Neurowissenschaften, machen diese Erkenntnistheorie aktuell. Allerdings ist der Inhalt dieser Philosophie bzw. der entsprechenden interdisziplinären Diskussionen nicht unbedingt homogen, da sich die Ansichten seiner Vertreter - von Förster, von Glasersfeld, Maturana, Varela, Roth - in nicht wenigen Details unterscheiden, sodass Verallgemeinerungen nicht immer unproblematisch sind.

Nichtsdestoweniger basieren die Aussagen des Radikalen Konstruktivismus auf der Tatsache, dass die Sinnesorgane die Reize der Außenwelt in eine neuronale Einheitssprache übersetzen, in den schon erwähnten neuronalen Code, den das Gehirn verstehen kann. Aufgrund des Prinzips der Neutralität des neuronalen Codes verlieren hierbei die Reize ihre Modalität (Sehen, Hören, Fühlen, ...). Diese wird durch die Topologie im Gehirn bestimmt, d. h. durch den Verarbeitungsort im Kortex. Das gilt auch für die Qualität des Reizes (Farbe, Tonhöhe, ...). Dessen Intensität (hell/dunkel, laut/leise, ...) wird über die Frequenz der neuronalen Entladung codiert, d. h. über die Anzahl der Aktionspotenziale pro Sekunde. Dieses und noch viele weitere neuronale Faktoren zeigen, dass in den Sinnesorganen keine Wahrnehmung stattfindet. Erst im Gehirn werden die neuronalen Signale gedeutet und bewertet. Das Gehirn ist ein kognitiv geschlossenes und selbstreferentielles System, welches seinen neuronalen Zuständen Bedeutungen zuweist, die nur aus ihm selbst stammen. Das ist der eigentliche Kern des Radikalen Konstruktivismus.

Einen direkten Zugang zu einer Realität jenseits der konstruierten Wahrnehmungen gibt es nicht. Allerdings wird diese Realität (Kants Dinge an sich) auch nicht geleugnet. Auf jeden Fall ist die phänomenale Wirklichkeit kein Abbild einer Außenwelt, sondern eine Repräsentation bzw. Konstruktion. Wahrnehmung findet ausschließlich im Gehirn statt. Wissen kommt nicht von außen, sondern beruht auf eigenen Konstruktionen. Von epistemischem also erkenntnistheoretischem Solipsismus ist die Rede (von Glasersfeld).

Dass Aussagen über eine Außenwelt prinzipiell nicht möglich sind, führt allerdings zu Problemen bezüglich der Schlüssigkeit dieser Theorie. Denn die Grundlage der Thesen des Radikalen Konstruktivismus beruht auf Aussagen der Neurowissenschaften, der Physik und der Biologie und diese Aussagen über eine materielle Außenwelt, die materielle Welt des Gehirns, sind nach den Prinzipien der Theorie nicht statthaft. Wie kann etwas, das nicht möglich ist, zur Grundlage einer Erkenntnistheorie führen? Die Situation ist einem Zirkelschluss nicht unähnlich (Abb. 46).

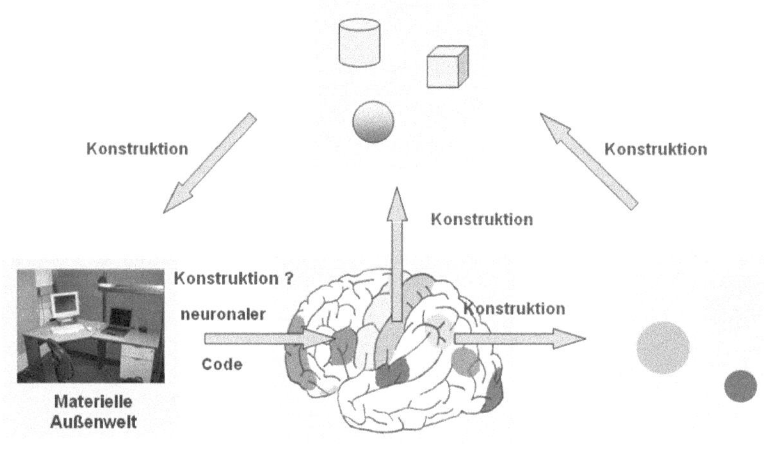

Abb. 46: Konstruktivismus - Gehirn als kognitiv geschlossenes System

Schließlich gehört das Gehirn, ein Organ, das hauptsächlich aus Eiweiß, Wasser und Fett besteht, vollständig der materiellen Welt an. Daran ändert auch seine Feinstruktur mit den komplexen Verschaltungen von Neuronen und Synapsen nichts. Dass dieses materielle Gehirn eine nichtmaterielle phänomenale Wirklichkeit konstruieren soll, ist hinterfragenswert. Das uralte Geist-Materie-Problem taucht wieder auf.

Nichtsdestoweniger ist der Radikale Konstruktivismus nicht radikal genug, denn er scheint sich zu scheuen, die Grenzen des Materiellen zu überschreiten. Dass das beobachtete Gehirn auch nur ein Konstrukt ist und dass das Konstruierende etwas anderes als das Gehirn sein mag, scheint kein Thema zu sein.

Aber selbst wenn das Gehirn - oder so etwas wie das Ich - die Wirklichkeit konstruiert, resultiert ein weiteres Problem. Es kann kaum angenommen werden, dass das Gehirn bzw. das Ich Situationen der Wirklichkeit hervorbringt, die Unangenehmes für das Individuum bewirken. Beispielsweise dürfte es kein Problem für das Ich sein, den angenehmen Geschmack eines guten Rotweins hervorzubringen; aber bewusst etwas Unangenehmes wie den Geschmack von bitterer Medizin zu kreieren, ist etwas anderes (Abb. 47). Erst recht bewusst Schmerzen oder Leid für sich zu konstruieren, dürfte nur etwas für Masochisten sein.

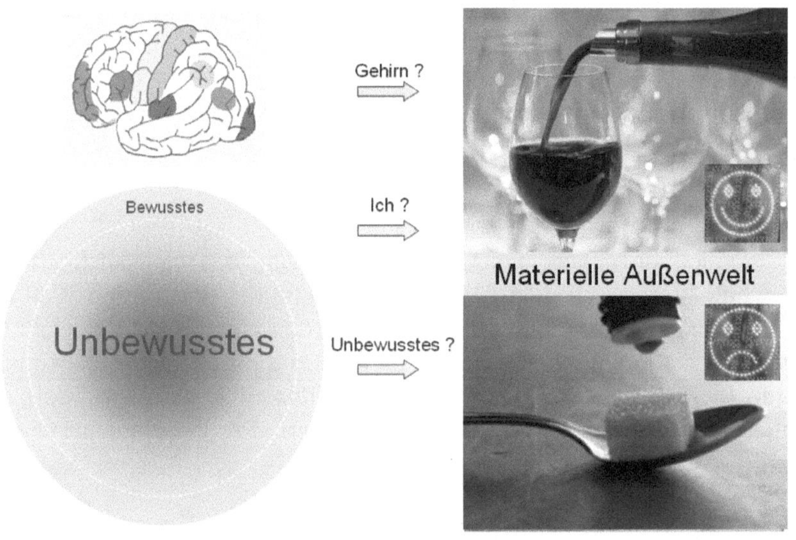

Abb. 47: Konstruktivismus - Was konstruiert?

Demnach kann das Ich, der bewusste Teil der Psyche, kaum als das Konstruierende der Wirklichkeit und damit auch des Materiellen in Frage kommen. Es bleibt das Unbewusste. Allerdings wird mit der Beanspruchung solcher psychologischer Begriffe der Bereich des Materiellen verlassen und ein Eindringen in das Gebiet des sogenannten Geistigen wird unvermeidlich.

2. Geistiges

Versteht man unter Geistigem Vorgänge wie Denken, Empfinden oder Agieren, so kann als Träger dieser Vorgänge die Psyche gelten. Deren Unterteilung in Bewusstsein (Bewusstes wäre der bessere Begriff, aber der des Bewusstseins hat sich weitgehend eingebürgert) und Unbewusstes ist nicht unüblich und dieses durchaus nicht immer eindeutig definierte Unbewusste soll im Folgenden kurz durch- und beleuchtet werden. Hierbei soll nicht vergessen werden, dass die für ein Individuum wichtigsten Begriffe - Ich, Bewusstsein, Geistiges - durch ihre Unmittelbarkeit und Vertrautheit verborgen bleiben. Man bemerkt sie nicht, weil sie normalerweise immer da sind (Hinduismus: Der Fisch weiß nicht, dass es kein Wasser gibt, er lebt einfach im Wasser).

2.1. Unbewusstes

Nicht von Freud oder Jung stammt der Begriff „Unbewusstes", sondern von einem deutschen Wissenschaftler namens Ernst Platner, welcher schon Ende des 18. Jahrhunderts hinsichtlich der Beziehung von Bewusstsein zu Unbewusstem die Aussage machte, „dass bewusste Vorstellungen oft das Resultat von unbewussten Vorstellungen sind". Mit dieser Feststellung ging er weiter als Kant oder Leibniz, welche schon vor ihm ähnliche Vermutungen äußerten. Später erkannte Goethe, dass unbewusste Vorgänge die Kreativität fördern, und Schopenhauer mutmaßte, dass das Denken größtenteils unbewusst ablaufe und dass das Unbewusste die Summe blinder Antriebskräfte sei. Von Fechner stammt die Metapher, das Bewusstsein rage wie die Spitze eines Eisbergs aus der Masse des Unbewussten hervor, und für Nietzsche waren die wichtigsten fundamentalen Aktivitäten unbewusst, da der Raum für das Bewusstsein zu eng sei.

Einblicke in die Welt des Unbewussten lieferten seit der Zeit der Aufklärung vor allem die Erkenntnisse der Hypnose (Mesmer, Puysegur, Durand, ...). Demnach werden im tiefsten hypnotischen Zustand die Schleier von Raum und Zeit beiseitegeschoben und Vorgänge der Vergangenheit, der Zukunft und aus der Ferne können wahrgenommen werden. Gedeutet wurde dies als Kontakt des Individuums mit der „Weltseele". Durch das Unbewusste bleibt dieses in Verbindung mit der übrigen Welt, wobei das Unbewusste das eigentliche Band ist, das den Menschen mit der Natur verknüpft. In der Sprache der Naturphilosophie der Romantik ist Natur sichtbarer Geist und Geist ist unsichtbare Natur (Schelling). Beides, Geist und Natur, entspringen dem Absoluten und stellen eine untrennbare Einheit dar.

Die Erfahrungen mit der Hypnose führten u. a. zu Modellvorstellungen, wonach sich die Psyche aus mehreren Ich´s zusammensetzt. Entsprechend dem Polypsychismus (Durand) sind dem „Haupt-Ich", das unserem Bewusstsein entspricht, „Unter-Ich's" untergeordnet, die das unbewusste Leben ausmachen. Diese können empfinden, agieren und Erinnerungen speichern. Während der Hypnose wird das „Haupt-Ich" ausgeschaltet und der Hypnotiseur gewinnt direkten Zugang zu den „Unter-Ich's. Während einer Operation unter Anästhesie empfinden diese „Unter-Ich's Schmerz, während das „Haupt-Ich" nichts davon merkt. Eine naturphilosophische Weiterentwicklung der Theorie des Polypsychismus brachte diese in Verbindung mit der von Leibniz entwickelten Monadologie (Colsenet).

Eine regelrechte Aufgliederung des Unbewussten führte zu folgenden Schichten (Carus):

1. Absolutes allgemeines Unbewusstes: absolut unzugänglich für das Bewusstsein

2. Teilweise absolutes Unbewusstes: zuständig für die Prozesse des Organismus

3. Relatives oder sekundäres Unbewusstes: umfasst die Gesamtheit der Gefühle, Wahrnehmungen und Vorstellungen

Ähnlich differenziert von Hartmann die Schichten des Unbewussten:

1. Absolutes Unbewusstes: Substanz des Universums, Quelle der anderen Formen des Unbewussten

2. Physiologisches Unbewusstes: entspricht 2. nach Carus

3. Relatives oder psychisches Unbewusstes: liegt am Ursprung des bewussten geistigen Lebens

Diese Aufgliederungen und Differenzierungen des Unbewussten weisen schon auf die späteren Ansichten eines Freud oder Jung hin.

Allerdings soll hier auf Freud´s Interpretation verzichtet werden, nicht zuletzt deshalb, weil diese in mancher Hinsicht überdehnt und mit einer modernen Sicht des Unbewussten nicht unbedingt verträglich ist. Dagegen ist die Sichtweise von Freuds Schüler Jung eher dazu geeignet, dieser Anforderung zu entsprechen, zumal Jung manche Aussagen über das Unbewusste gemacht hat, die für das Verständnis des Wahrnehmungsprozesses hilfreich sein können. Dementsprechend wird bei der Unterteilung der Psyche in Bewusstsein und Unbewusstes letzteres noch einmal aufgeteilt in persönliches und kollektives Unbewusstes. Während ersteres verloren gegangene persönliche Inhalte aufweist, sind im kollektiven Unbewussten für alle Individuen gleichermaßen über- bzw. unpersönliche allgemeine Inhalte aufgehoben.

In diesem ständig tätigen Unbewussten werden permanent Kombinationen geschaffen, die für Zukünftiges wegweisend sind. Während der Träger des Bewusstseins das Ich ist, kann über den Träger des kollektiven Unbewussten nur spekuliert werden. Es hieße nicht Unbewusstes, wenn man darüber Konkretes wüsste. Möglicherweise hat es alle die Fähigkeiten, die auch das Bewusstsein hat, also Wahrnehmung, Gedächtnis, Wille, Denken, usw. - allerdings in subliminaler Form, d. h. jenseits der Grenze des Bewusstwerdens. Während im Bewusstsein die Vernunft ihren Sitz hat, ist das Unbewusste irrational, nicht vorstellbar und „seine wirkliche Natur ebenso unbekannt wie die der Materie“ (Jung). Da sich demnach im Bewusstsein die Elemente des Unbewussten nicht vorstellen lassen, können sie hier nur als Symbole erscheinen; Jung nennt sie Archetypen. Einige seiner Charakterisierungen hierfür seien an dieser Stelle aufgeführt:

Symbole für Gesetzmäßigkeiten

Urtümliche Bilder

Archaische Funktionsweisen

Dominanten, d. h. Bilder dominierender Gesetze und Prinzipien

Kollektive Repräsentationen

Manifestationen der tieferen Schicht des Unbewussten

Vererbte Möglichkeiten menschlichen Vorstellens

Einprägungen immer wiederholter typischer Erfahrungen

Transsubjektive weitgehend autonome psychische Systeme

Wirkungsauslöser auf das Bewusstsein

Kraftgeladene autonome Zentren

Kräfte oder Tendenzen zur Wiederholung derselben Erfahrungen

Die Vielzahl der Beschreibungsversuche verrät die Schwierigkeit, aus dem Unbewussten Elementares bzw. Gesetzmäßiges ableiten zu wollen. Aber der Wesenskern der Archetypen als Symbole für Mechanismen des Unbewussten scheint getroffen zu sein. Von den elementarsten Wahrnehmungsprozessen ist anzunehmen, dass sie diesen unbewussten Mechanismen zuzuordnen sind.

Ein anderer Begriff der Tiefenpsychologie - der der psychoiden Vorgänge - weist auf bewusstseinsunfähige bzw. unbewusste seelenähnliche Prozesse hin, die sich bei einfachsten Lebensvorgängen, beispielsweise bei reflektorischen Prozessen, im Grenzbereich der Psyche abspielen. Möglicherweise kann man in diesem Bereich des Unbewussten auch die Vorgänge finden, die für die elementaren Akte der Wahrnehmung - Farben sehen, Töne hören, ... - zuständig sind (Abb. 48).

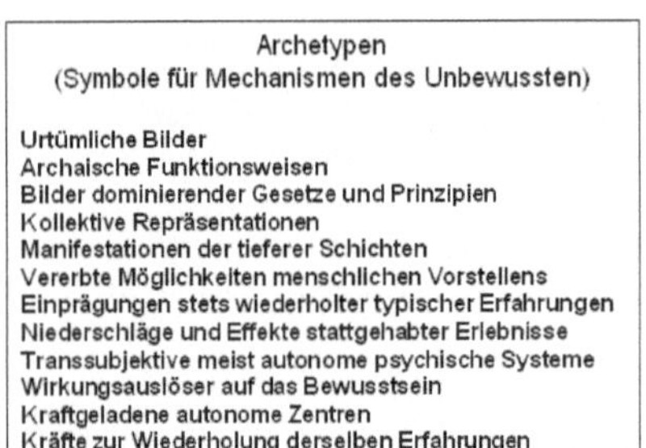

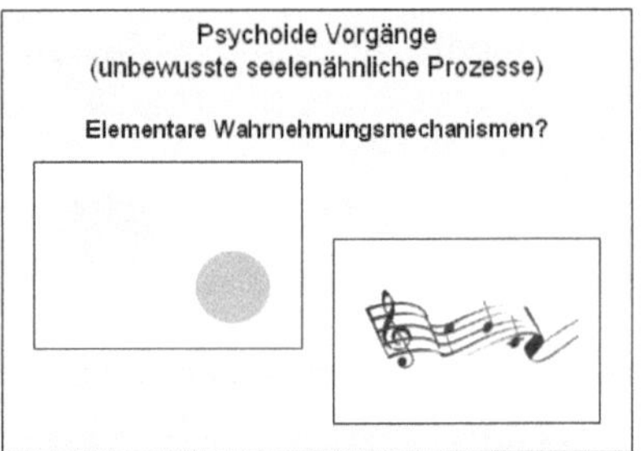

Abb. 48: Unbewusstes nach Jung

Auf jeden Fall ist Jung´s Sichtweise des Unbewussten nicht grundverschieden von der heutiger Psychologen. Laut einer modernen Definition (Dijksterhuis) besteht das Unbewusste aus allen psychischen Prozessen, derer wir uns nicht bewusst sind, die aber dennoch unser Verhalten (oder unser Denken oder unsere Emotionen) beeinflussen. Im Gegensatz zum Bewusstsein, welches nur seriell, d. h. zeitlich hintereinander, arbeiten kann, kann das Unbewusste viele Leistungen gleichzeitig, d. h. zeitlich parallel, ausführen. Während der Zeitungslektüre ist man unbewusst damit beschäftigt, die Umgebung wahrzunehmen, die Atmung zu regulieren oder ein verflossenes Ereignis unbewusst aufzuarbeiten. Nicht nur die Aufnahmefähigkeit des Unbewussten ist deutlich größer als die des Bewusstseins, auch die Verarbeitungsgeschwindigkeit der wahrgenommenen Informationen ist im Fall des Unbewussten deutlich höher. Man schätzt, dass die Verarbeitungsgeschwindigkeit für bewusst wahrgenommene Inhalte bei ca. 50 Bit pro Sekunde liegt, während sie für unbewusst verarbeitete Informationen ca. 10 Millionen Bit pro Sekunde beträgt. Nur ca. 5 % der vom Unbewussten wahrgenommenen Informationen tritt ins Bewusstsein ein. Das Gehirn ist zu 83 % mit der Verarbeitung von Unbewusstem und nur zu 17 % mit der von Bewusstem beschäftigt. Platner hatte seinerzeit Recht, wenn er sagte, dass bewusste Vorstellungen das Resultat unbewusster Vorstellungen sind.

Bemerkenswert ist, dass die im Verlauf der Jahrhunderte stattgefundene Auseinandersetzung mit dem Unbewussten fast ausschließlich dessen komplexere Schichten betraf, nicht dessen elementare Funktionsweisen. Das muss auch nicht verwunderlich sein, denn die Beschäftigung mit dem Unbewussten, die vor allem von Ärzten und Heilern ausging, galt hauptsächlich menschlichen Problemen wie Krankheiten, Neurosen oder Persönlichkeitsspaltungen. Forschung oder Erkenntnistheorie waren weniger angesagt. Deshalb sind auch in den entsprechenden Berichten oder Abhandlungen kaum Hinweise zu finden, in welchen Bereichen des Unbewussten die elementaren Funktionen des Empfindens einzuordnen sind.

Um noch einmal auf den Konstruktivismus zurückzukommen, so ist es nicht abwegig, eine seiner Kernaussagen, wonach die Wirklichkeit ein Konstrukt des Gehirns ist (Roth), zu hinterfragen. Nicht das Gehirn, das durch und durch Materie ist, sondern das Unbewusste mit seinen Gesetzmäßigkeiten und Funktionsweisen konstruiert die Empfindungs- und Wahrnehmungsinhalte. Demnach ist die Wirklichkeit ein Konstrukt des Unbewussten. Und auch die Materie als Teil der Wirklichkeit wird vom Unbewussten konstruiert.

Wahrnehmung ist nicht passiv, sondern aktiv, sie ist Vorstellung, sie ist Konstruktion. Sie erscheint uns nur passiv, weil uns das Konstruieren nicht bewusst ist.

Wenn auch geklärt ist, was Materie, was Wirklichkeit ist, nämlich Projektion aus dem Unbewussten, bleibt es unbefriedigend, nicht zu wissen, was das Unbewusste ist. Ob die Projektion sich auf etwas bezieht, das - entsprechend der Kant´schen Dinge an sich - prinzipiell nicht wahrnehmbar und vorstellbar ist, sei dahingestellt. Vielleicht gehört dieses auch zum Unbewussten. Aber dass das Unbewusste selbst so wenig zugänglich und eigentlich unbekannt ist, bleibt unbefriedigend.

Hier ist auch die Grenze erreicht, wissenschaftlich begründete Vermutungen anzustellen. Bisher mögen die Neurowissenschaften die Basis gewesen sein, über die Interpretationsmöglichkeit des Konstruktivismus die Wirklichkeitswahrnehmung als Projektion des Unbewussten zu verstehen. Aber die direkte Frage nach dem Unbewussten macht Mutmaßungen im Bereich des Metaphysischen unvermeidbar.

Nach dem Skizzieren einiger Vorstellungen der Psychologie bezüglich des Unbewussten bleibt die Frage, ob diesem in der Philosophie ähnliche oder analoge Begriffe entsprechen. Um einer ausufernden Behandlung dieser Frage aus dem Wege zu gehen, sollen hier nur knapp die Ansichten dreier Philosophen zu diesem Thema wiedergegeben werden: Schopenhauer, Carus und von Hartmann.

A. Schopenhauer (1788 - 1860)

Das Unbewusste entspricht bei Schopenhauer dem Willen, ein blindes Geschehen, dass sich im Räumlichen, im Zeitlichen und im Kausalen objektiviert. Wille ist hierfür möglicherweise ein missverständlicher Ausdruck, denn Wille beinhaltet eigentlich, dass ein Ziel angestrebt wird. Da dies nicht im Schopenhauer´schen Verständnis enthalten ist, würde Geschehen als Begriff ausreichen. Nichtsdestoweniger entspricht nach Schopenhauer diesem Geschehen bzw. Willen das Kant´sche Ding an sich, welches den materiellen Phänomenen zugrunde liegt und insofern die Vorstellung der materiellen Welt hervorbringt. Räumliches und Zeitliches sind die universellen Formen der Phänomene, die der Wille kreiert.

Materie ist nichts als die Sichtbarkeit bzw. Wahrnehmbarkeit des Willens. Materielle Dinge sind mit Kraft erfüllte Räume. Das Unbewusste - der Wille - ist geistige Energie. Die niedrigste Form der Objektivierung bringt die universellsten Naturkräfte hervor: Schwerkraft und Undurchdringlichkeit, d. h. Anziehung und Abstoßung. Die Spannung zwischen den anziehenden und den abstoßenden Kräften bewirkt fortwährendes Geschehen.

C. G. Carus (1789 - 1869)

Nach Carus setzt sich die Außenwelt aus unendlich wechselnden Erscheinungen ewiger Ideen bzw. Gedanken eines höchsten Mysteriums zusammen. Diese Ideen oder Lebensformen erscheinen in der Materie als unbewusste psychische Entitäten ähnlich den Leibniz´schen Monaden. Sie sind vorgeformt, produktiv und beinhalten unbewusstes Leben. Von der Materie, welche nicht Realität sondern

Phänomen ist, sind sie grundverschieden. In ihr wandelt sich dieser Lebensfluß permanent um - entsprechend Kant´s „ewig Beweglichem im Raum“. Das Unbewusste ist permanente Aktivität, das Bewusste taucht nur zeitweise auf - mit andern Worten: kontinuierliches Geschehen steht vorübergehender Aktion gegenüber. Die Entstehung von Bewusstsein aus Unbewusstem ist ein Mysterium. Zwischen dem Unbewussten und der materiellen Welt besteht eine unbekannte Wechselwirkung.

E. von Hartmann (1842 – 1906)

Das Unbewusste will nach von Hartmann nur das eine: die Realisation seiner eigenen Inhalte. Alles Wollen ist die Präsentation einer Vorstellung. Materie ist das Medium zur Manifestation des Unbewussten, ein dynamisches System atomarer Kräfte. Die Atome der Materie sind geistige Zentren des Unbewussten, ähnlich den Monaden bei Leibniz, für welchen Substanz nur Kraft bedeutet. Aus diesen elementaren Kräften resultieren in verschiedensten Kombinationen und Reaktionen die elementarsten Komponenten der materiellen Natur: Schwerkraft, Ausdehnung, Elektrizität, Hitze, Licht, usw. Auch das Räumliche wird vom Unbewussten zur Realität gebracht. Wo immer sich auf Grund einer hinreichenden Anordnung der Materie die Möglichkeit ergibt, bringt das Unbewusste Leben hervor. Wenn der Organismus Verletzung oder Krankheit erleidet, interveniert das Unbewusste, um Heilung zu ermöglichen. Weder Außenwelt noch Ich sind real, beide sind Phänomene des Unbewussten.

Soviel zu dem, was einige Philosophen zum Thema des Unbewussten beigetragen haben (Abb. 49). Sicherlich ist das aus der philosophischen Perspektive thematisierte Unbewusste umfassender als das von der Psychologie abgeleitete Unbewusste. Während bei Jung das kollektive Unbewusste auch als Ansammlung von Erfahrungen, als unbewusstes Erbe der Menschheit aufgefasst werden kann, ist das Unbewusste bei von Hartmann oder bei Schopenhauer dynamischer, kreativer, fundamentaler. Nichtsdestoweniger gilt: Unbewusstes ist Ungewusstes. Die Grenze des Gewussten, des Wissenschaftlichen ist überschritten.

	Unbewusstes	Räumliches	Materielles
Schopenhauer	Wille, im Sinne von ziellosem Geschehen	Form, die durch Objektivierung des Willens hervorgebracht wird	Phänomen, das auf dem Willen basiert und dessen Wahrnehmbarkeit ermöglicht
Carus	Aktivität, im Sinne von kontinuierlichem Geschehen	-	Phänomen unbewusster psychischer Entitäten (Ideen, ...)
von Hartmann	Dynamisches System, Intervention bei Krankheit oder Verletzung	Realisation durch das Unbewusste	Phänomen, Medium zur Manifestation des Unbewussten, hinreichende Anordnung: Leben

Abb. 49: Unbewusstes aus philosophischer Sicht

Aber die Leugnung dessen, was Unbewusstes genannt wird, dürfte schwierig sein. Woher sollen die Projektionen, welche die materielle Außenwelt konstruieren, kommen? Aus dem, was Materie genannt wird, sicher nicht.

2.2. Bewusstes

Weniger verborgen ist das, was die Projektionen in Form von Vorstellungen zustande bringen - Vorstellungen im Sinne von Schopenhauer: die wahrgenommene Außenwelt wird vorgestellt. Diese sind im Bewusstsein, d. h. in dem Teil der Psyche, dessen Träger das Ich ist. Erst dadurch kann die Materie, die materielle Außenwelt, wahrgenommen werden. Im Bewusstsein werden sozusagen die impliziten Inhalte bzw. Funktionen des Unbewussten explizit (Abb. 50). Die Wirklichkeit des Bewusstseins ist eine vom Unbewussten projizierte Illusion.

Potentielles unbewusst	Reales bewusst
? ? ? Bewusstsein →	
Unbewusste Inhalte unanschaulich nicht wahrnehmbar	Vorstellungen anschaulich wahrnehmbar

Abb. 50: Vorstellungen aus tiefenpsychologischer Sichtweise

Aber auch das Bewusstsein ist - ebenso wie das Unbewusste - ein Rätsel für eine materialistische bzw. physikalistische Weltanschauung. Es bleibt die alte Frage, was primär ist, Geistiges oder Materielles. Idealismus oder Materialismus. Beweisen lässt sich keine der Ansichten, man kann nur aufgrund der Plausibilität entscheiden.

3. Kombinationen

Kombiniert man Außen- und Innenperspektive, also die Sichtweise für Materielles und die für Geistiges, und versteht man unter Physik die Beschreibung der Außenperspektive und unter Psychologie die der Innenperspektive der Wirklichkeitsphänomene, scheint eine Annäherung beider Sichtweisen möglich zu sein.

3.1. Potentielles und Reales

Da für die Beschreibung der materiellen Außenwelt die Quantenphysik die zurzeit geeignetste und präziseste Disziplin ist, spricht nichts dagegen, deren Wirklichkeitsbeschreibung hierfür heranzuziehen. Für die innere Welt der Wahrnehmung, welche hauptsächlich unbewusst verläuft, ist die Tiefenpsychologie zuständig, wobei statt Unbewusstes transzendente Begriffe, die der Philosophie entnommen sind, ebenso gültig sein mögen. Denkbar wäre, dass das, was eine der gängigsten Interpretationen der Quantenphysik - die Kopenhagener Interpretation - als Zustand des Potentiellen vor der Wahrnehmung der materiellen Außenwelt deutet, zumindest ein Teil von dem ist bzw. mit dem korreliert, was als Bereich des Potentiellen im Unbewussten vorhanden ist (Abb. 51).

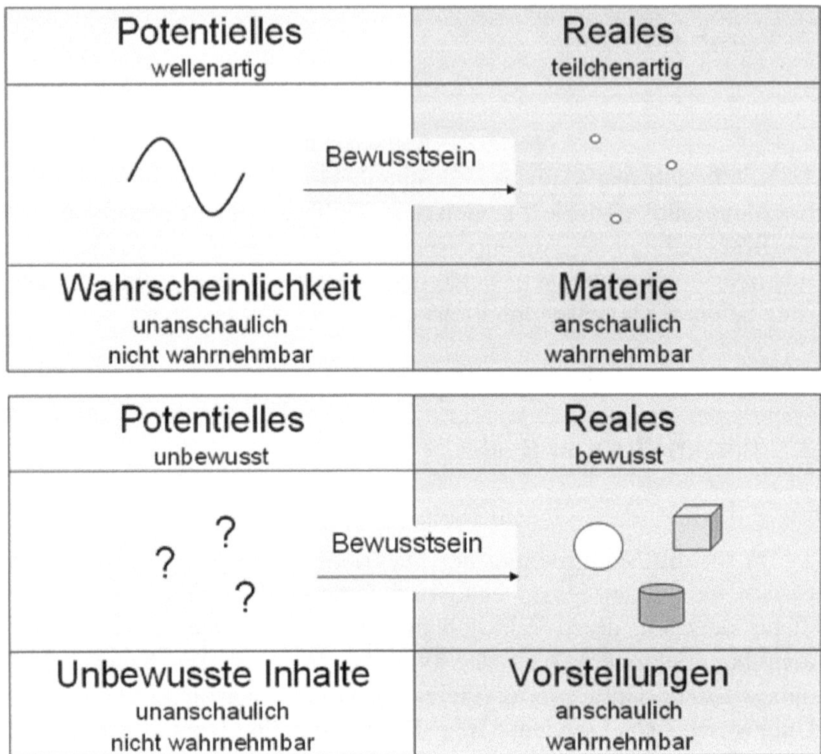

Abb. 51: Kombination von physikalischer und psychologischer Sichtweise

Die beiden Sichtweisen sind nicht identisch, aber ähnlich und komplementär. Der Kern der Quantenphysik, der mathematische Formalismus, bietet noch keine anschauliche Beschreibung der Realität bzw. ihrer Entstehung. Mittels Wellenfunktionen und deren Überlagerungen wird Potentielles beschrieben. Aus dieser Welt der Möglichkeiten kann Realität entstehen, wenn durch Beobachtung die Wellenfunktionen kollabieren und Elementarteilchen resultieren. Komplementär hierzu wird aus tiefenpsychologischer Sicht aus dem Unbewussten mittels Projektion die vorgestellte Wirklichkeit erzeugt. Hierbei werden einfachste Vorstellungselemente wie Farbe, Form, Ton, Geruch, usw. ins Bewusstsein projiziert. Die vorgestellte Welt ist dabei, sich zu entfalten.

Die quantenphysikalische Sichtweise legt es nahe, dass sich die Komponenten der materiellen Außenwelt in wellenartigen Zuständen entwickeln, wenn sie unbeobachtet sind, und dass sie sich zu lokalisierbaren Teilchen verdichten, wenn sie beobachtet werden. Während die wellenartigen Zustände des Potentiellen - auch „Heisenberg-Zustände" genannt - sich räumlich beliebig weit ausdehnen können, resultieren die teilchenartigen Zustände - infolge von so genannten „Heisenberg-Vorgängen" - als punktförmige Entitäten des Realen. So entsteht aus wellenartigen nichtmateriellen Mustern des Potentiellen, welche eher Gedanken als Dingen ähneln, die materielle Wirklichkeit.

Beide Sichtweisen - die eine an der Physik, die andere an der Psychologie orientiert - helfen, die Entstehung von Materie bzw. die Projektion hiervon zu verstehen. In beiden Fällen ist das Bewusstsein wesentlich. Ob beide Betrachtungsweisen letztendlich deckungsgleich oder lediglich komplementär sind, ist zweitrangig. In beiden Fällen lässt sich der Bereich des Potentiellen eher dem Transzendenten bzw. Geistigen zuordnen, während der Bereich des Realen das Phänomenale bzw. Materielle darstellt. Analogien mit den Aussagen der physikalistischen Systemtheorien (Abb. 15) und der erkenntnistheoretischen Ansichten von Berkeley, Hume und Kant (Abb. 16) sind nicht zu übersehen. Im potentiellen Bereich des Transzendenten werden Möglichkeiten kombiniert, die dann in der Wirklichkeit als räumliche Materie resultieren. Diese Annahme der Kombination von Möglichkeiten vor einer Erschaffung des phänomenal Realen kann eine Reihe von vieldiskutierten Fragen einer Lösung näher bringen.

3.1.1. Morphogenetische Felder

Das Konzept der morphogenetischen Felder wurde vor allem durch den Biologen und Biochemiker Rupert Sheldrake bekannt, der solche virtuellen formgestaltenden Felder postulierte, da die herkömmliche Wissenschaft keine zufrieden stellende Erklärung für die Morphogenese, d. h. die Entstehung von Formen in der Natur, liefert. Beispielsweise lässt sich die Formbildung von Organismen mit dem Wissensstand der aktuellen Biologie nicht erklären. Sheldrake versteht den Begriff des morphogenetischen Felds als formbildende Verursachung, welche an den aristotelischen Begriff der causa formalis erinnert. Das virtuelle morphogenetische Feld ist nichtenergetischer Natur, organisiert jedoch die energetisch determinierten Formen der Materie. Laut Sheldrake ist diese Hypothese nachprüfbar und er macht Vorschläge, wie dies im Einzelnen mittels Experimenten zu bewerkstelligen ist.

Weiterhin begünstigen vergangene Strukturen zukünftige Formen mittels der sogenannten morphischen Resonanz. Letztere ist eine Metapher für die Übertragung von Formen aus zeitlich und räumlich entfernten Bereichen, wobei eine Analogie mit herkömmlicher Resonanz zwischen schwingenden Systemen besteht. Raum und Zeit spielen für diese Übertragung keine Rolle. Nicht erklärbar mittels des Konzepts der morphischen Resonanz ist die erste Form, von der sich die nachfolgenden Formen ableiten. Ob es Zufall, eine der Materie inhärente oder eine transzendente Kreativität ist, lässt sich nicht beantworten.

Dieses Konzept muss nicht ausschließen, dass von der Physik anerkannte und beschriebene Felder - wie z. B. elektromagnetische Felder - bei der Entstehung von Organismen ebenfalls strukturierend wirksam sind. Parallel oder nachfolgend der Bildung von morphogenetischen Feldern können diese beispielsweise bei der Entwicklung von pflanzlichen Strukturen gestalterisch aktiv sein (Pietak). Hierbei bestehen bemerkenswerte Ähnlichkeiten zwischen den elektrischen und magnetischen Feldkomponenten eines elektromagnetischen Resonanzmusters und den Formen der sich entwickelnden Gebilde.

So sinnvoll das Konzept der morphogenetischen Felder auch sein mag, so berechtigt ist es zu hinterfragen, ob sich diese zur herkömmlichen Naturwissenschaft hinzukommende Theorie nicht mit dem oben vorgestellten Konzept der Erschaffung des Räumlichen aus dem Transzendenten bzw. Potentiellen bzw. Unbewussten vereinbaren lässt. Dies würde sich auch deshalb anbieten, insofern entsprechend des Konzepts der morphogenetischen Felder die Entstehung der ersten Formen nicht erklärt werden kann. Das kreierte Räumliche - die Form, die Gestalt - mag im Transzendenten vorhanden sein, um später abgerufen und übertragen zu werden, was der morphischen Resonanz entspricht.

Morphogenetische Felder sind demnach dem potentiellen Bereich zuzuordnen, aus dem die realisierten Formen entstehen. Im Fall von Organismen entspringt aus deren Unbewusstem die Vorstellung der materiellen Form. Im potentiellen Bereich mögen unterschiedlich geeignete räumliche Strukturen zur Auswahl bereit stehen, von denen die geeignetste zur Realisation kommt (Abb. 52).

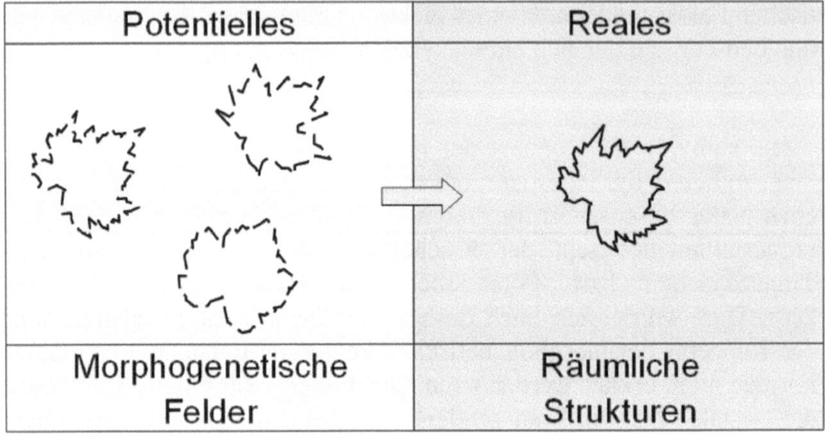

Abb. 52: Morphogenetische Felder

3.1.2. Evolution

Naheliegend ist es weiterhin, das Konzept des Antizipierens von realen Gegebenheiten im potentiellen Bereich auch auf das Problem des Verstehens der biologischen Evolution anzuwenden. Dann könnte die unsägliche Hypothese des neodarwinistischen Mutation-Selektion-Mechanismus fallen gelassen werden. Doch da sich dieses Dogma tief ins materialistische Weltbild bezüglich der Entstehung der Lebewesen eingenistet hat, soll eingehender auf dessen Widersprüche eingegangen werden, bevor eine andere Problemlösung angeboten wird.

Mit neodarwinistischem Mutation-Selektion-Mechanismus ist nicht die ursprüngliche Evolutionstheorie von Darwin gemeint, welcher den Begriff der Mutation nicht kannte und in seinem Werk „The Origin of Species" lediglich den Begriff der Veränderung (variation) gebrauchte. Dass eine solche Veränderung ein Produkt des Zufalls sein sollte, wie es später die Neodarwinisten mit dem neu hinzugekommenen Begriff der Mutation glaubhaft machen wollten, war für Darwin schwer vorstellbar.

Da die Literatur über das Für und Wider des Neodarwinismus bibliothekenfüllend ist und eine tiefer gehende Erörterung zu weit führen würde, soll nur kurz auf das Prinzip dieser Theorie, die allgemein bekannt sein dürfte, eingegangen werden. Hierzu ist es sinnvoll, sich die elementarsten Sachverhalte der Vererbungslehre - der Genetik - in die Erinnerung zurückzurufen (Abb. 53).

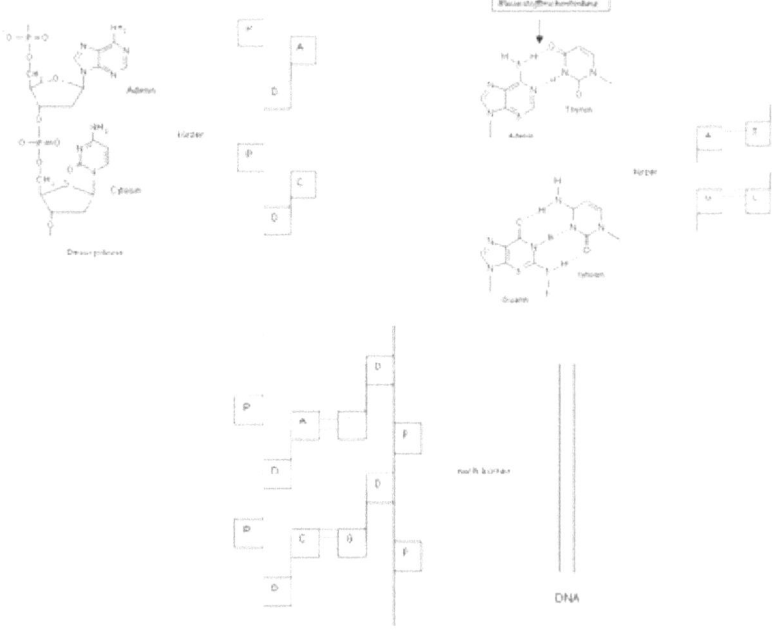

Abb. 53: DNA (Desoxyribonukleinsäure)

Es soll nur daran erinnert werden, dass der genetische Informationsspeicher DNA (Desoxyribonukleinsäure) mit vier „Buchstaben" auskommt, mit A, T, G und C. Hierfür stehen die Heterocyclen bzw. Basen Adenin, Thymin, Guanin und Cytosin, die an die spiralförmigen Stränge aus Desoxyribose-Einheiten (D) und Phosphorsäure-Einheiten (P) angehängt sind. Demnach ist das sich aus Alkohol (Desoxyribose, verbunden mit einer der genannten Basen) und Säure (Phosphorsäure) zusammensetzende Makromolekül DNA ein Polykondensat, ein Polyester. Der aus Desoxyribose, Base und Phosphorsäure bestehende Baustein der DNA wird Nukleotid genannt.

Für die Informationsspeicherung und -abrufung ist vor allem die Affinität der Basen Adenin zu Thymin und Guanin zu Cytosin entscheidend. Diese paarweise spezifische Anziehung wird selektiv mittels sogenannter Wasserstoffbrückenbindungen bewerkstelligt. Es ist ersichtlich, dass Adenin am besten zu Thymin, nicht aber zu Cytosin, und dass Guanin am besten zu Cytosin, nicht aber zu Thymin passt. Mit den Buchstaben A, T, G und C wird auf einem DNA-Strang Information codiert, welche die komplementäre Information mittels der Basenpaarungen A-T und G-C (stets: Bicyclus-Monocyclus) auf dem gegenüberliegenden Zwillingsstrang der Doppelhelix definiert.

Nach Trennung der spiralförmig verdrillten makromolekularen Stränge liegen auf dem kopierten Strang Blaupausen für Erbinformationen oder Proteinproduktionen vor. Dass der gesamte Mechanismus um ein Vielfaches komplizierter ist, dass neben der DNA noch die RNA (Ribonukleinsäure) mit ins Spiel kommt, dass ausgeklügelte Kopier- und Übertragungsschritte ablaufen, ... ändert nichts am Prinzip. Die in Abbildung 53 rechts unten wiedergegebenen beiden parallelen Linien stehen als Symbol für die zwei Stränge der Erbsubstanz DNA. In dieser Bedeutung werden sie auch bei der Skizzierung des Prinzips des neodarwinistischen Mutation-Selektion-Mechanismus verwendet (Abb. 54).

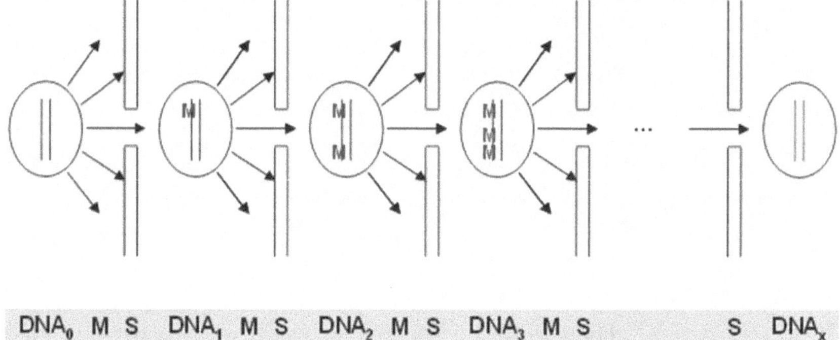

1. Viele kleine Schritte; die Länge des DNA-Strangs bleibt erhalten
2. Nur unmittelbare Verbesserungen vererben sich (positive Mutation)
3. Vorzeitige Verbesserungen sterben aus (negative Mutation)

Abb. 54: Neodarwinistische Theorie der Evolution

Nach dieser Theorie wird bei vielen zufälligen Mutationen nur die Mutante weiter vererbt, die nach der natürlichen Selektion unmittelbar bessere Überlebenschancen hat als der Ausgangsorganismus. Auf der Ebene der DNA bedeutet dies, dass eine zufällig stattgefundene chemische Veränderung an einer Stelle des DNA-Strangs (Mutation) dann zu einer von der Selektion nicht zurückgehaltenen verbesserten Variante führt, wenn die neue Erbgutinformation einen überlebensfähigeren Organismus zur Folge hat. Nach diesem Schema führen viele kleine Einzelschritte zu größeren Veränderungen.

Fest zu halten bleibt:

1. An der Länge des DNA-Strangs ändert sich nichts.

2. Die Mutation muss bei jedem Schritt zu einer unmittelbaren Verbesserung des Organismus führen, da dieser andernfalls von der Selektion zurückgehalten würde.

3. Verbesserungen, die sich erst bei späteren Einzelschritten bemerkbar machen, werden von der Selektion nicht berücksichtigt.

Nun ist seit Darwins Zeiten das Thema der Evolution die Entstehung der Arten („The Origin of Species"). Heute weiß man, dass sich im Verlauf der Jahrmillionen die Länge der DNA von den Bakterien bis zu den Säugetieren von Millimetern bis zu ca. einem Meter vergrößert hat (Abb. 55).

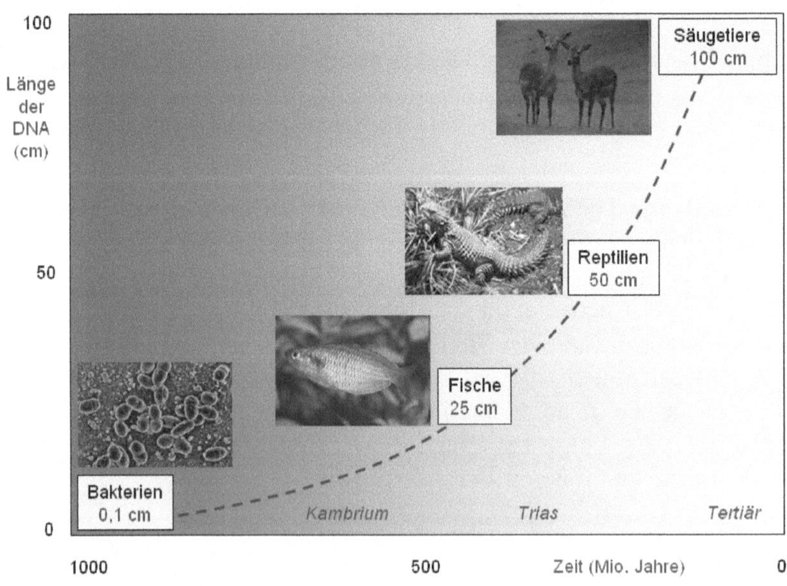

Abb. 55: Zunahme der DNA-Länge im Verlauf der Evolution

Das ist auch einsichtig, da der Informationsgehalt der jeweiligen Arten im Verlauf der Evolution enorm zugenommen hat. Beispielsweise lässt er sich an der Anzahl der Gene eines Organismus ablesen, welche von 10^3 (Bakterien) auf bis zu 10^7 (Säugetiere) angestiegen ist.

Wie sollte diese Verlängerung des Polymerstrangs der DNA vonstattengehen? Aufgrund von Mutationen sicher nicht. Das zeigt der Blick auf den neodarwinistischen Mutation-Selektion-Mechanismus (Abb. 54). Chemische Veränderungen an Stellen der DNA-Polymerkette, d. h. Mutationen, bewirken keine Kettenverlängerung. Letztere könnte nur im Sinne einer Polykondensation schon vorhandener DNA-Polymerketten (Polyester) unter Wasseraustritt vonstattengehen, was aber im vorgegebenen wässrigen Milieu der Organismen den Naturgesetzen zuwiderlaufen würde. Der neodarwinistische Mutation-Selektion-Mechanismus ist hier nicht haltbar.

Bestenfalls sind mittels Mutation und Selektion kleine Variationen im Sinne einer Mikroevolution möglich, wobei sich ein Merkmal sukzessive verändert. Das bekannteste Beispiel hierfür ist in der Literatur der Evolutionstheorie das des Birkenspanners, eines Schmetterlings mit heller Flügelfarbe, welche auf dem hellen Untergrund von Birkenstämmen für eine gute Tarnung vor Vögeln sorgt. Als im England der industriellen Revolution die Luft immer rußhaltiger wurde und sich in jenen Gebieten die Farbe der Birkenstämme allmählich verdunkelte, beobachtete man, dass der Anteil der hellfarbigen Birkenspanner auf Kosten des Anteils der Birkenspanner mit dunkleren Flügeln zurückging. Letztere waren in der neuen Situation besser getarnt und hatten im Vergleich zu ihren helleren Artgenossen bessere Überlebenschancen. Eine Mutante war aufgetreten, von der man heute weiß, dass ein Gen ausgefallen war, welches das Enzym für die Synthese des weißen Farbstoffs des Schmetterlingsflügels codierte (Abb. 56).

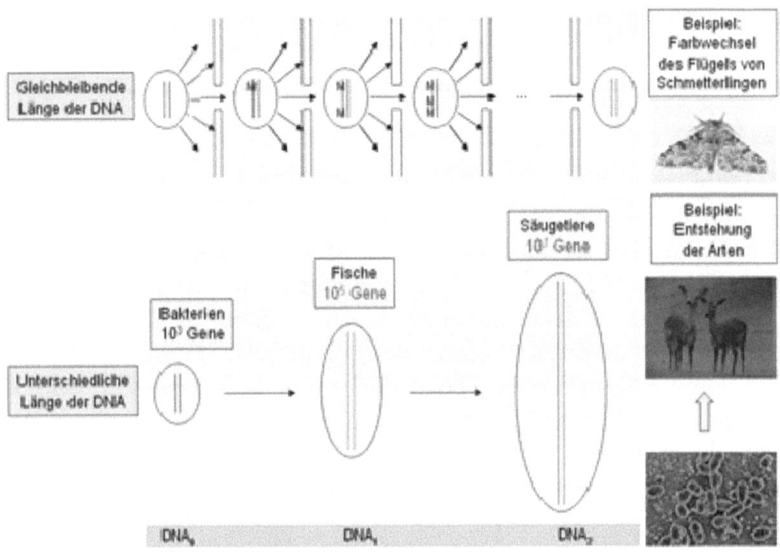

Abb. 56: Mikroevolution (oben) und Makroevolution (unten)

Für eine Mikroevolution, also die allmähliche Veränderung eines Merkmals, mag die Mutation-Selektion-Hypothese ein Erklärungsmechanismus sein, für eine Makroevolution, also die Entstehung neuer Arten, aber kaum. Denn im letzteren Fall geht es nicht darum zu erklären, wie ein Farbwechsel eines Schmetterlingsflügels zustande kam, sondern wie beispielsweise aus nicht fliegenden Insekten fliegende Schmetterlinge wurden. Leider wird auch heute noch von Neodarwinisten das Beispiel des Birkenspanners als Beweis für die Richtigkeit der Mutation-Selektion-Hypothese zur Erklärung der Entstehung der Arten angeführt.

Um noch einmal auf den Übergang von nicht fliegenden zu fliegenden Lebewesen zu kommen, sollte man sich die Konsequenzen der

Mutation-Selektion-Hypothese noch einmal vor Augen halten (Abb. 54). Wenn beispielsweise Ansätze zur Bildung von Flügeln erst in viel späteren Selektionsschritten praktische Vorteile bringen, ist es eher vorstellbar, dass solche Ansätze in den ersten Selektionsschritten, wo sie eher nachteilig sind, wieder vernichtet werden.

Dieses neodarwinistische Prinzip, wonach sich nur solche Mutanten fortpflanzen, die nach der Mutation unmittelbare Verbesserungen aufweisen, kann auch hinsichtlich vieler biochemischer bzw. molekularbiologischer Sachverhalte in Frage gestellt werden. Deutlich machen lässt sich dies am Beispiel biochemischer Syntheseketten, welche zur Umwandlung und Herstellung körpereigener Substanzen dienen. Um nicht zu sehr in biochemisches Detailwissen abzugleiten, soll das Prinzip dieser Syntheseketten, welches für unzählige Reaktionen im Organismus gilt, nur anhand eines allgemeinen Formalismus beschrieben werden (Abb. 57).

$A \xrightarrow{E_{Z1}} Z1 \xrightarrow{E_{Z2}} Z2 \xrightarrow{E_{Z3}} Z3 \quad \xrightarrow{E_{Zx}} Zx \xrightarrow{E_E} E$

Gen(E_{Z1}) Gen(E_{Z2}) Gen(E_{Z3}) Gen(E_{Zx}) Gen(E_E)

1. Nur das Endprodukt (E) ist physiologisch wirksam und damit für die Selektion entscheidend
2. Sämtliche Zwischenstufen (Z1 bis Zx) haben nur Hilfsfunktion und sind für die Selektion unbedeutend
3. Die Gene zur Herstellung der einzelnen Zwischenstufen sind ebenfalls für die Selektion unbedeutend
4. Das Mutation-Selektion-Dogma ist für die Gene zur Herstellung der einzelnen Zwischenstufen nicht wirksam

Abb. 57: Biochemische Syntheseketten

Demnach wird eine Ausgangssubstanz (A) über diverse Zwischenprodukte (Z1, Z2, Z3, …) in das Endprodukt (E) umgewandelt. Jeder Zwischenschritt wird von einem speziellen Enzym (E_{Z1}, E_{Z2}, E_{Z3}, …) katalysiert, welches seinerseits von einem speziellen Gen (Gen(E_{Z1}), Gen(E_{Z2}), Gen(E_{Z3}), …) definiert bzw. codiert wird. Ob die Herstellung des Endprodukts für den Organismus vorteilhaft ist, kann nur am Endprodukt entschieden werden, denn nur dieses wird im „Kampf ums Überleben (struggle for life)“ der Selektion unterworfen. Für die Zwischenprodukte gilt das nicht. Demnach unterliegen auch die Gene zur Herstellung der Enzyme für die Zwischenprodukte nicht der Selektion. Damit wäre ein neodarwinistischer Mutation-Selektion-Mechanismus für solche Syntheseketten, sofern er denn stattfände, unwirksam.

Auf weitere Beispiele von Problemen des Neodarwinismus - wie die viel diskutierten „missing links“, die hochgerechneten extrem langen Zeiten für mögliche positive Mutationserfolge, das Versagen des Mutation-Selektion-Mechanismus bei irreduzibel komplexen Systemen wie z. B. bei dem der Blutgerinnung, der stufenweise Verlauf der Evolution (Saltation), usw. - soll verzichtet werden und stattdessen ein anderer Lösungsvorschlag für den Mechanismus der Evolution vorgeschlagen werden.

Auch hier kann das Vorwegnehmen möglicher neuer Strukturen im potentiellen Bereich eine gelungene Evolution erfolgreicher machen. Die antizipierten Blaupausen neuer Strukturen - in diesem Fall: neuer Arten - lassen die Auswahl zunächst offen, welche dieser potentiellen Arten als am geeignetsten zur Realisation kommt. Ein solcher Mechanismus lässt sich u. a. am Beispiel der Evolution flugfähiger Insekten veranschaulichen, wobei der Übergang von flügellosen zu geflügelten Insekten skizziert sei (Abb. 58). Im potentiellen Bereich wird - quasi quantenmechanisch - die Auswahl getroffen, welche der möglichen Strukturen realisiert wird, ohne dass unsäglich absurde Mutation-Selektion-Mechanismen vorgeschaltet werden müssen.

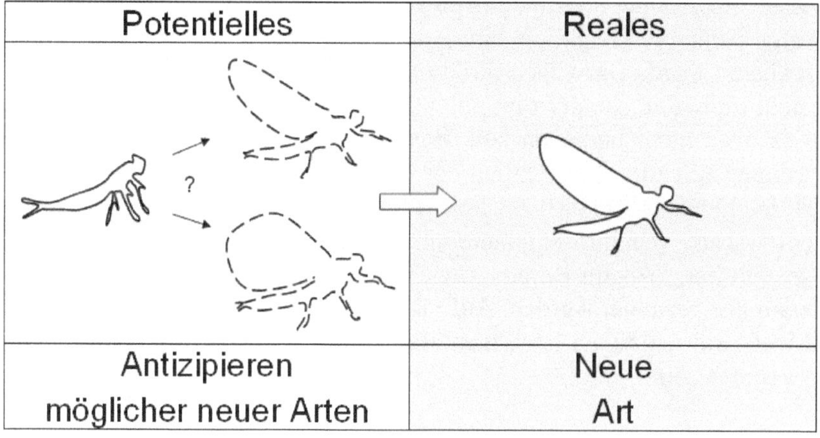

Abb. 58: Evolution flugfähiger Insekten

Für eine neodarwinistische Interpretation gibt es auch für letzteren Evolutionsschritt keinen Hinweis, insofern bis heute keine fossilen Übergangsformen zwischen flügellosen und geflügelten Insekten gefunden wurden („missing links“). Fossilienfunde gibt es schon, sowohl von flügellosen Insekten aus dem Devon (vor ca. 400 Mio. Jahren) als auch von geflügelten Insekten aus dem Karbon (vor ca. 320 Mio. Jahren), aber keine von Zwischenstufen. Alles was Neodarwinisten diesbezüglich anzubieten haben, sind Spekulationen darüber, ob seitliche Hautausstülpungen bzw. Flügelstummel einen Selektionsvorteil bedeutet haben könnten.

Aus Sicht der Quantenphysik lässt sich das Antizipieren geeigneterer neuer Strukturen im Bereich des Potentiellen auf der Ebene der DNA-Moleküle (Abb. 53), welche die genetische Information weitergeben, im Prinzip verstehen. Moleküle sind Quantensysteme und die Bildung und Trennung von chemischen Bindungen sind Quantenprozesse. Veränderungen von DNA-Molekülen bedeuten, dass Übergange von aktuellen DNA-Molekülzuständen in neue potentielle DNA-

Molekülzustände stattfinden. Innerhalb dieser virtuellen Zustände erfolgt dann die Selektion eines neuen Zustands, welcher schließlich realisiert wird. Darwins „variation" und „selection" finden demnach nicht im realen, sondern im potentiellen nichtmateriellen Bereich statt, was aber nicht bedeuten soll, dass nach der Realisierung nicht eine weitere Selektion hinsichtlich der materiellen Umwelt stattfindet. Diese letztgenannte natürliche Selektion kann allerdings nur das weiterentwickeln, was ihr die quantenphysikalische Selektion zur Verfügung gestellt hat. Was im Bereich des Potentiellen die Selektion verursacht, kann nur vermutet werden. Auf Grund der Ähnlichkeit der potentiellen Muster mit geistigen bzw. mentalen Zuständen mag hier eine Ursache zu finden sein.

Demnach verläuft die Evolution in Quantensprüngen. Geht man davon aus, dass im Potentiellen in einem Schritt nicht nur eine Möglichkeit, sondern Kombinationen von vielen Möglichkeiten zu einem neuen Konstrukt, zu einer neuen Struktur zusammengesetzt und anschließend realisiert werden, lässt sich der quantenhafte Ablauf der Evolution zwanglos verstehen. Die „missing links" waren und sind überflüssig und man braucht sich nicht wundern, dass sie nie gefunden wurden. Den Evolutionsbiologen ist es vorbehalten zu definieren, welchen Umfang, d. h. wie viele kombinierte elementare DNA-Veränderungen, solche evolutionäre Quantensprünge beinhalten. Auf die bekannte Frage, ob das Huhn oder das Ei zuerst da waren, ist die Antwort eindeutig: Das Ei. Denn in letzterem ist das neu komponierte Genom einer neuen lebensfähigeren Form enthalten, welche die Evolution erfolgreich weiter bringt.

Zusammenfassend lässt sich erkennen, dass auf den neodarwinistischen Evolutionsmechanismus verzichtet werden kann, welcher Zweckmäßigkeit und Zielgerichtetheit der Evolution ausblendet und stattdessen postuliert, dass sich aus sinnlos Entstandenem das erhalten hat, was zufällig am besten den äußeren Bedingungen, den ökologischen Nischen der Außenwelt, angepasst war. Statt dieses materialistischen Erklärungsversuchs lässt sich mit dem Konzept des im Potentiellen stattfindenden Vorauskonzipierens zukünftiger Strukturen eine alternative, mindestens ebenso plausible Sichtweise vertreten.

Ein solches Durchspielen möglicher Varianten von noch zu realisierender Materie im potenziellen Bereich lässt sich auch als eine Art von Denken verstehen. Was denkt, bleibt offen. Anschließendes Agieren im Sinne von Realisation der bevorzugten Strukturen lässt die materiellen Erscheinungsformen entstehen.

3.1.3. Molekularbiologie

Neben Formbildung und Evolution können auch Vorgänge aus dem Bereich der Molekularbiologie als Beispiel für eine solche Hervorbringung materieller Formen herangezogen werden. Neuere Erkenntnisse dieser Disziplin, die ein tieferes Verständnis biochemischer Vorgänge auf molekularer Ebene erlaubt, lassen die Frage aufkommen, ob diese Lebensprozesse alleine mit den Prinzipien von Physik und Chemie verstanden werden können. Anhand von zwei Beispielen soll diese Fragestellung veranschaulicht werden: Zum einen hinsichtlich des Verhaltens von Enzymen und zum anderen bezüglich der Verdoppelung der bereits erwähnten DNA.

Die Wirkungsweise von Enzymen, d. h. von biologischen Katalysatoren zwecks Beschleunigen und Steuern von biochemischen Reaktionen, wirft die Frage auf, wie es diesen gelingt, zielgenau solche Reaktionen in die gewünschte Richtung zu lenken. Enzyme sind Moleküle, genauer Makromoleküle, manchmal auch Komplexe von einigen wenigen Makromolekülen, deren Zusammensetzung ihre räumliche Gestalt definiert (Abb. 59). Letztere ermöglicht es, dass an der Oberfläche des Enzyms (E) Vertiefungen vorliegen, so genannte „Enzymtaschen“, in die sich die zu reagierenden Substratmoleküle (S) einlagern können.

Diese an das Enzym locker gebundenen Substratmoleküle (ES) erfahren nun aufgrund einer geringfügigen Formänderung des Enzyms eine Umwandlung, was bedeutet, dass neue Produkte entstehen (EP), welche immer noch an das Enzym gebunden sind. Diese werden dann von der Enzymoberfläche abgestoßen (P), womit die enzymatische Umsetzung abgeschlossen ist. Im vorliegenden Beispiel ist das Substrat (S) in zwei Bruchstücke (P) gespalten worden.

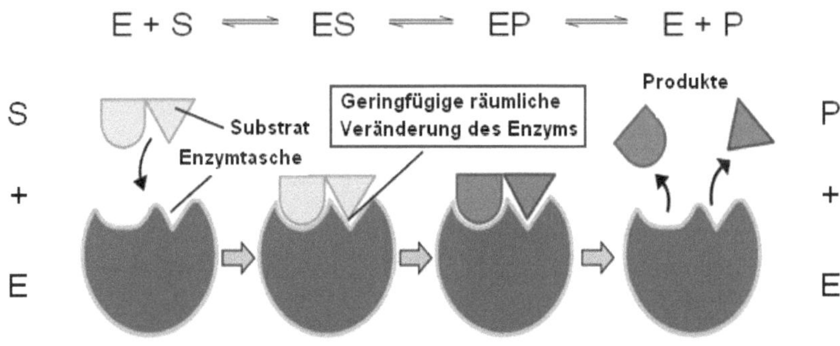

Abb. 59: Schematische Darstellung der räumlichen Wirkungsweise von Enzymen

Der entscheidende Punkt bei der enzymatischen Umsetzung ist der Schritt von ES nach EP, dem eine räumliche Veränderung des aktiven Zentrums des Enzyms, eine so genannte induzierte Konformationsänderung (induced fit), entspricht. Diese, z. B. die Umorientierung spezifischer funktioneller Gruppen des Enzyms, bewirkt eine Erleichterung der Umwandlung von ES nach EP.

Hier taucht die Frage auf, ob eine solch scheinbar absichtsvolle räumliche Veränderung des Enzyms aus den bekannten Regeln der Chemie und der Physik ableitbar ist. Wären die Enzyme nur zufällig schwingende und wabbernde Makromoleküle, wieso sollten sie ein angedocktes Substratmolekül in eine spezielle gewünschte neue Form umwandeln? Hier an Zufall zu glauben, fällt schwer. Und auch eine nachgeschaltete Selektion à la Neodarwinismus dürfte kaum greifen, da auf der Ebene der Lebensprozesse das Mutation-Selektion-Prinzip eher fraglich ist. Denn im lebenden Organismus wären dem Zufallsprinzip geschuldete misslungene Reaktionen bzw. missratene Produkte lebensbedrohlich. Jahrtausende Zeit hat der Organismus nicht, damit aus vielen Zufallsprodukten das eine richtige Produkt selektiert wird.

Aber beweisen lässt sich weder eine physikalistische bzw. materialistische noch eine nicht-physikalistische Deutung. Es soll nur angemerkt werden, dass Makromoleküle - z. B. Enzyme - agieren, als besäßen sie eine gewisse Autonomie, sozusagen einen subjektiven Charakter. Im vorliegenden Beispiel scheint das Enzym nur die räumliche Veränderung zu bevorzugen, die zu einem Erfolg führt.

Ein weiteres Beispiel für ein autonomes bzw. subjektives Verhalten von Makromolekülen offenbart die Molekularbiologie im Fall der Phänomene Fortpflanzung und Vererbung. Hierfür fungiert die bereits erwähnte DNA (Desoxyribonukleinsäure) als Informationsträger. Nachdem in den frühen 50er Jahren des letzten Jahrhunderts klar geworden war, dass dieses Molekül das entscheidende genetische Material in den Zellen ist und nachdem Watson, Crick und Wilkins die Struktur der DNA, die Doppelhelix, entschlüsselt hatten, waren Basenpaarung und Selbstverdopplung der DNA bald Allgemeinwissen (Abb. 60).

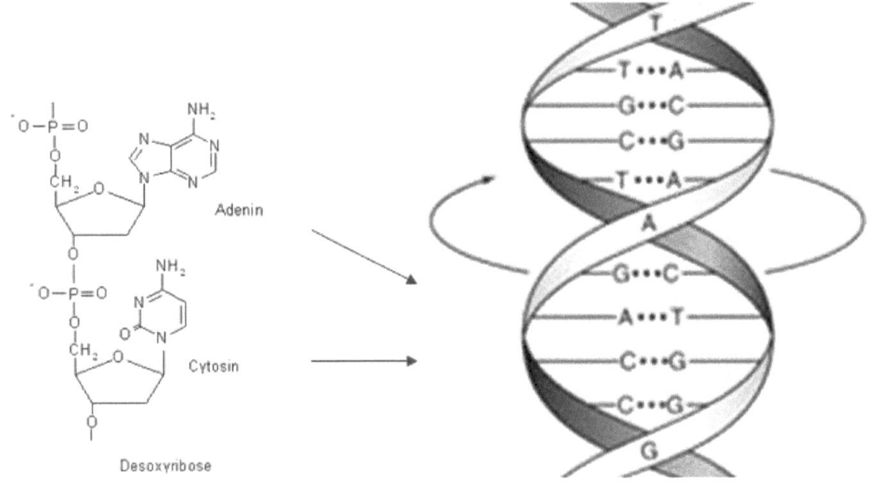

Abb. 60: Schematische Darstellung der DNA

Die Verdopplung der DNA, d. h. die Herstellung weiterer Kopien hiervon (Replikation), ist die Basis von Fortpflanzung und Vererbung. Ein halbes Jahrhundert nach der Entdeckung der Doppelhelix weiß man allerdings, dass die Replikation der DNA wesentlich komplexer und zielgerichteter abläuft, als man es seinerzeit ahnen konnte. Es sind verschiedene Enzyme, die den Anstoß zur Replikation geben und die auch für den weiteren erfolgreichen Fortgang derselben sorgen. Ein kleiner Ausschnitt aus diesem Szenario lässt sich verkürzt folgendermaßen darstellen (Abb. 61):

1. Damit die Doppelhelix für die Replikation zugänglich werden kann, wird am so genannten Replikationsstartpunkt der verdrillte Doppelstrang entwunden. Dafür sorgen die so genannten Helicasen, d. h. Enzyme, welche die DNA für einen kurzen Bereich einsträngig machen.

2. Um zu vermeiden, dass sich die entstandene Einzelstrangregion nicht wieder in den ursprünglichen - energetisch bevorzugten - Dop-

pelstrang zurückbildet, treten nun andere Enzyme in Aktion. Es sind die Einzelstrangbindungsproteine, die mit der Einzelstrangregion einen Komplex bilden, wodurch der Einzelstrang stabilisiert wird.

3. Nun beginnt die eigentliche Herstellung der DNA-Kopie. Mittels des Enzyms DNA-Polymerase werden aktivierte Nukleotide (Desoxyribonukleosidtriphosphate) sukzessive addiert. Natürlich wird hierbei strikt die Basenpaarungsregel eingehalten (A - T und G - C).

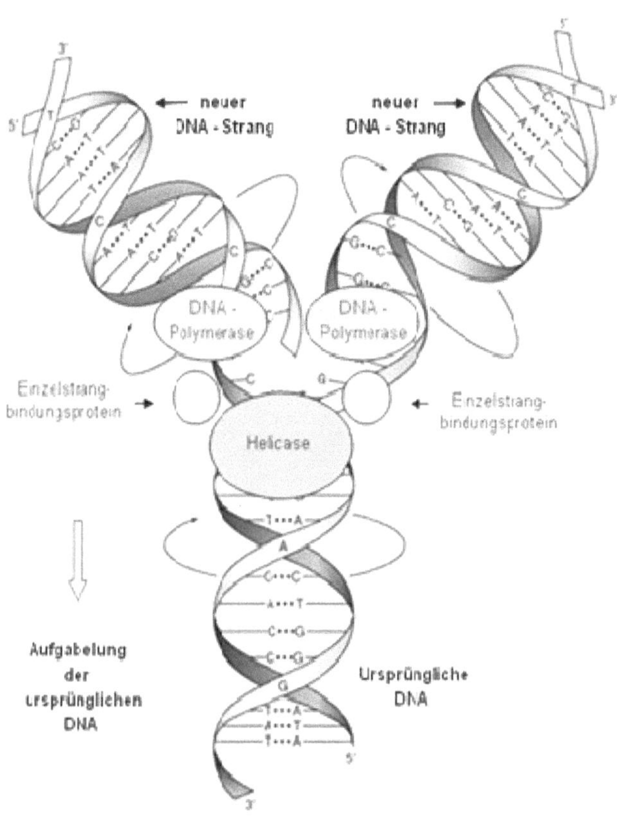

Abb. 61: Schematische Darstellung der Replikation der DNA

Bemerkenswert ist noch eine weitere Eigenschaft der DNA-Polymerase, nämlich die Fähigkeit, Korrektur lesen zu können. Zusätzlich zum Einfügen von aktivierten Nukleotiden in den Replikationsstrang verfügt die DNA-Polymerase über die Fähigkeit, ein falsch eingebautes Nukleotid zu erkennen, es zu entfernen und es schließlich durch das richtige Nukleotid zu ersetzen (Nobelpreis für Chemie 2015). Enzyme, d. h. Moleküle bzw. Molekülkomplexe, sind also in der Lage, zu kontrollieren und zu reparieren. So wird verständlich, dass in lebenden Organismen die Mutationsrate erstaunlich niedrig ist und bei 10^{-8} bis 10^{-11} Fehlern pro Basenpaar liegt.

Diese und beliebig viele weitere molekulare Aktivitäten zeigen, wie komplex, zielgerichtet und raffiniert es bei der DNA-Replikation zugeht. Alles mit Hilfe der auf Zufall basierenden Wärmebewegung der Moleküle und mittels der chemischen Affinität? Und dann bleibt noch die Frage: Wie kommt ein Molekül wie die DNA dazu, sich zu verdoppeln, sich zu verbreiten, Information weiterzugeben? Ein Vorgang, der in der herkömmlichen Chemie unbekannt ist.

3.2. Subjektive Materie

Die Molekularbiologie hat Einblicke in die Natur eröffnet, die es nahe legen, der Materie subjektive bzw. autonome Züge zu verleihen. Aus dem Bereich des Potentiellen werden jene Strukturen ausgewählt, die am ehesten den Erfordernissen des Organismus entsprechen. Beispielsweise bei Vererbung, Fortpflanzung und Wachstum.

Entgegen landläufiger Meinung scheint Materie eine Projektion des Unbewussten zu sein. Hierbei müssen die wahrgenommenen materiellen Strukturen nicht in solipsistischer Manier ohne jeglichen subjektiven Wesenskern sein, sondern können - wie Kants Dinge an sich - als prinzipiell unerkennbare aber existente Entitäten dem Ich gegenüberstehen. Vielleicht sind sie letzterem sogar ähnlicher, als nach erstem Augenschein zu vermuten wäre. Wird das Ich als das Bewusste des Persönlichen (bewusstes Wahrnehmen, Denken, Agieren, ...) im Gegensatz zum kaum zugänglichen Unbewussten verstanden, so lässt sich das Materielle als Brücke zwischen Unbewusstem und Bewusstem verstehen (Abb. 62).

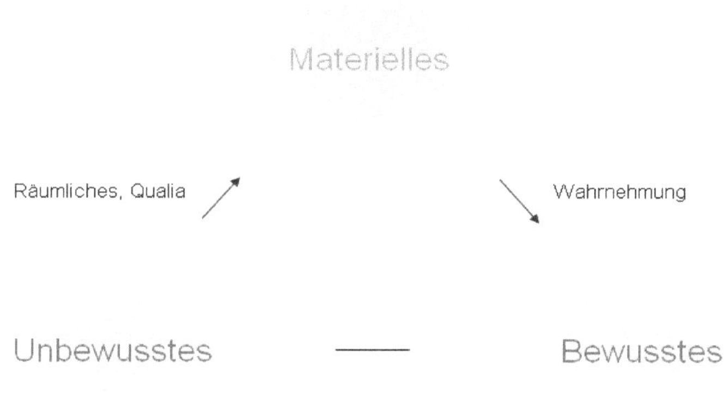

Abb. 62: Materielles, vom Unbewussten aktiv konstruiert, vom Bewussten passiv wahrgenommen

Einerseits wird das Materielle vom Unbewussten mittels der Fähigkeit zum Räumlichmachen der Dinge und dem Potential zum Kreieren der Qualia (sekundäre Eigenschaften nach Locke) konstruiert, andererseits wird dieses unbewusst produzierte Materielle vom Bewussten, dem Ich, wahrgenommen. Es scheint, als könne das Unbewusste das von ihm Geschaffene nicht direkt wahrnehmen und benötige das Bewusste für eben diese Wahrnehmung. Es bleibt offen, ob das Bewusste gleichwertig neben dem Unbewussten koexistiert oder ob es von ihm - ähnlich wie das Materielle - produziert wird. Für letzteres spricht, dass ohne Materielles bzw. ohne bewusste Wahrnehmung des Materiellen, aber auch ohne bewusstes Denken und Agieren die Existenz eines bewussten Ich erlischt.

Hierbei muss das vom Unbewussten konstruierte und vom Bewussten wahrgenommene Materielle keineswegs rein illusorisch sein, sondern es kann wie die schon erwähnten Kant'schen Dinge an sich einen Wesenskern, ein Ich, aufweisen. Dieses subjektive Element ist nun ebenfalls Zentrum für Wahrnehmen, Denken, Agieren. Insofern ist die materielle Struktur lediglich die Erscheinungsform einer anderen geistigen Seinsform (Abb. 63). Wenn der Ursprung des Materiellen Geistiges ist, ist es nicht abwegig, dem, was Materielles genannt wird, geistige Qualitäten zuzuerkennen.

Abb. 63: Materielles als Projektion von Geistigem (Unbewusstes, Quantenvakuum, ...) für Geistiges (Bewusstsein, Ich, ...)

Eine solche panpsychistische Sicht, die auch Elementarteilchen und Molekülen Empfindungsvermögen und Agieren auf rudimentärer Ebene zugesteht, kann auch zu einer Lösung des Geist-Materie-Problems führen. Diese scheitert dann nicht mehr daran, dass Wechselwirkungen zwischen Geist und Materie schwer vorstellbar sind. Stattdessen spielen sich sämtliche Wechselwirkungen nur noch in einem Bereich - im geistigen Bereich - ab. Das Materielle ist nur noch das projizierte Phänomen solcher Wechselwirkungen.

4. Resümee

Je mehr man versucht, das Selbstverständlichste und Sicherste der äußeren Wirklichkeit, die materielle Welt, zu beschreiben und zu begreifen, desto mehr weicht diese einer präzisen Erfassung aus. Die in der Philosophie stattgefundene Auseinandersetzung mit dem Begriff der Materie befasste sich zunächst mit den kennzeichnenden Merkmalen dieses Begriffs: Räumlichkeit und Widerstandsfähigkeit. Den Aussagen der Philosophen, die sich mit diesem Thema abgemüht hatten, lässt sich cum grano salis entnehmen, dass im Laufe der Zeit die Materie zunehmend eher als abstrakter Begriff denn als empirische Tatsache aufgefasst wurde. Man hatte verstanden, dass man es in der Wirklichkeit mit Dingen zu tun hat, deren Räumlichkeit und Widerstandsfähigkeit durch die sinnliche Wahrnehmung vermittelt werden, was zur Konstruktion des Materiebegriffs führte. Was Materie ist, blieb vage. Bemerkenswert war die Überzeugung einiger Philosophen, Materie weise auch empfindungsfähige, quasi geistige Qualitäten auf.

Ganz im Gegensatz hierzu hat sich dann aber der Materiebegriff als Basis einer neuen Weltanschauung - des Materialismus - herausgebildet. Eigentlich sollte die neue Weltsicht Physikalismus heißen, denn der Materialismus geht zumindest heutzutage davon aus, dass sich alles - auch das, was man Geist oder Psyche nennt - von den Gesetzen der Physik ableiten lässt.

Diese Sicht ist nicht unproblematisch, denn die Physik ist niemals dazu angetreten, die Welt zu erklären, sondern sie ist lediglich eine Methode, die raumzeitliche Außenwelt zu beschreiben. Und sucht man in den Theoriegebäuden der Physik nach einer präzisen Definition für Materie, findet man nichts. Von Masse ist die Rede, aber diese ist nur eine Eigenschaft der räumlichen Dinge. Hat man dann verstanden, dass das Räumliche nur eine Konstruktion der Wahrnehmung ist, verflüchtigt sich der Materiebegriff zusehends.

Und das ist der springende Punkt. Logisch verstehen lässt sich das Ganze, aber dies gefühlsmäßig intuitiv nachzuvollziehen, ist eine andere Sache. An der Selbstverständlichkeit, an dem Fürwahrhalten der wahrgenommenen bzw. konstruierten phänomenalen alltäglichen Außenwelt scheitert fast immer das Infragestellen einer materialistischen Weltanschauung. Weniger eine intellektuelle als vielmehr eine gefühlsmäßige das Gewohnte überwindende Anstrengung ist für eine nichtmaterialistische Perspektive notwendig. Hilfreich mag eine behutsame und allmähliche Gewöhnung an eine solche ungewöhnliche Weltsicht sein.

Die dem Physikalismus zu Grunde liegende Physik kennt nur die Masse als physikalischen Begriff, nicht die Materie. Interessant wird es, wenn entsprechend der Quantenphysik dem Auftauchen von Mate rieteilchen potentielle Wahrscheinlichkeitsverteilungen vorausgehen. Das Kollabieren der entsprechenden Wellenfunktionen mit der Folge von Realität wird im Sinne der am meisten akzeptierten Deutung der Quantentheorie - der Kopenhagener Interpretation - durch bewusstes Beobachten ausgelöst, wodurch Physe und Psyche, Materielles und Mentales in Berührung kommen. Und auch auf der Seite des Psychischen gibt es etwas, was der Realisierung im Bewusstsein vorausgeht: das Unbewusste. In diesem unbewussten Unbekannten sind nicht nur persönliche Inhalte, sondern auch allgemeine fundamentale Gesetzmäßigkeiten enthalten, u. a. das Umformen von Merkmalen einer unbekannten Welt in die phänomenale Welt des Bewussten.

Im quantenphysikalischen wie im tiefenpsychologischen Potentiellen sind Realisierungsmöglichkeiten enthalten, die sich auf die Gestaltung der materiellen Außenwelt auswirken. Aufgrund eines solchen Konzepts lassen sich problematische Sachverhalte der Evolution und der Molekularbiologie besser verstehen.

Für die Deutung dessen, was unter Materie verstanden werden kann, bleibt weiterhin alles offen. Materialistische oder idealistische Sichtweise können je nach subjektiv empfundener Plausibilität individuell bevorzugt werden.

Es ist aber noch eine weitere weniger extreme Betrachtungsweise möglich, quasi ein Kompromiss. Materialismus und Idealismus als zwei gegensätzliche Sichtweisen im Spannungsfeld Objekt-Subjekt sind dadurch gekennzeichnet, dass der Materialismus das Objekt und der Idealismus das Subjekt als primär betrachten. Tritt die Verbindung und nicht der jeweilige Endpunkt der Objekt-Subjekt-Relation in den Vordergrund der Betrachtung, verliert die Kontroverse Materialismus-Idealismus an Schärfe und reduziert sich zu einem Gegensatz der unterschiedlichen Perspektiven. Dann ist die Relation primär (Zen-Buddhismus: „Als ich die Tempelglocke hörte, gab es plötzlich keine Glocke und kein Ich, nur Klang"). Was als wirklich bezeichnet wird, ist letztendlich eine Definitionssache und damit willkürlich: sei es die vom Subjekt wahrnehmbare phänomenale Welt, sei es eine nicht erfahrbare transzendente Welt. Insofern ist Materie nach der ersten Definition wirklich, nach der zweiten Definition ist sie es nicht.

Eine noch weiter gehende Betrachtungsweise führt dazu, sich die Realität nicht aus Dingen und Relationen zusammengesetzt vorzustellen, sondern aus fundamentalen Einzelereignissen. Nichtsdestoweniger gilt es, im Fall einer idealistischen Sichtweise zwei Varianten zu unterscheiden: den absoluten Idealismus à la Berkeley, wonach alles im Geist ist und eine Außenwelt nicht existiert, und den transzendentalen Idealismus à la Kant, wonach zwar eine Außenwelt existiert, deren Elemente aber als die Kant'schen Dinge an sich prinzipiell nicht erkennbar sind.

Geht man von der Existenz dieser letztgenannten Dinge an sich aus, ist es nicht abwegig, diese Entitäten derselben Kategorie zuzuordnen, welcher auch das Unbewusste angehört. Diese wäre dann das, was auch Geistiges genannt wird. So gesehen stände hinter den Phänomenen der materiellen Dinge wieder Geistiges. Geistiges würde Geistiges mittels der Erscheinungsform des Materiellen wahrnehmen und gestalten. Das gibt auch Sinn, denn Geistiges kann normalerweise Geistiges nur über den Umweg des Materiellen wahrnehmen. Geistiges braucht Materielles, um in Erscheinung zu treten.

Lesenswertes zu den einzelnen Abschnitten

1.1.

G. W. Leibniz, Die Hauptwerke, Alfred Kröner Verlag, Stuttgart, 1949

G. Berkeley, Versuch einer neuen Theorie der Gesichtswahrnehmung, Verlag von Felix Meiner, Leipzig, 1912

G. Berkeley, Abhandlungen über die Prinzipien der menschlichen Erkenntnis, Verlag von Felix Meiner, Leipzig, 1917

G. Berkeley, Drei Dialoge zwischen Hylas und Philonous, Verlag von Felix Meiner, Leipzig, 1926

R. Kamitz, Positivismus, Albert Langen Georg Müller Verlag, München Wien 1973

B. Tuschling und M. Rischmüller, Kritik des Logischen Empirismus, Dunker & Humblot, Berlin, 1983

P. Bieri, Analytische Philosophie des Geistes, BELTZ Athenäum, Weinheim, 1997

1.2.

B.Greene, Das elegante Universum, Siedler, Berlin, 2000

D. Bohm, D. Factor, Die verborgene Ordnung des Lebens, Aquamarin Verlag, Grafing, 1988

A. Zeilinger, Einsteins Schleier, Beck, München, 2003

C. T. Kohl, Buddhismus und Quantenphysik, Windpferd Verlagsgesellschaft, Aitrang, 2005

1.3.

D. D. Hoffman, Visuelle Intelligenz, Klett-Cotta Deutscher Taschenbuch Verlag, München, 2003

Dudel Menzel Schmidt, Neurowissenschaft, Springer-Verlag, Berlin Heidelberg New York, 2001

B. Kastrup, Dreamed up Reality, O-Books, Airesford UK, 2011

V.S. Ramachandran, D. Rogers-Ramachandran, Gehirn&Geist 4, 2007

M. Botvinick, J. Cohen, Nature 391, 1998

G. Roth, Das Gehirn und seine Wirklichkeit, Suhrkamp Verlag, Frankfurt a. M., 1995

2.1.

C.G. Jung, Über die Psychologie des Unbewussten, Rascher Verlag, Zürich und Stuttgart, 1966

C.G. Jung, Archetyp und Unbewusstes, Walter-Verlag AG, Olten, 1984

A. Dijksterhuis, Das kluge Unbewusste, Klett-Cotta, Stuttgart, 2010

H.F. Ellenberger, Die Entdeckung des Unbewußten, Diogenes Verlag, Zürich, 2005

3.1.

A.L.Lehninger, D.L.Nelson, M.M.Cox, Prinzipien der Biochemie, Spektrum Akademischer Verlag, Heidelberg, Berlin, Oxford, 1994

H. Hönl, Die Auflösung des Geistigen, LIT-Verlag, 2006

R. Sheldrake, Das schöpferische Universum, Nymphenburger, München, 2008

O. Sacks, The Man Who Mistook His Wife for a Hat, Picador, London, 1986

A. Pietak: Electromagnetic Resonance in Biological Form: A Role for Fields in Morphogenesis, J. Phys. Conf. Series, 2011

Zeitfracht Medien GmbH
Ferdinand-Jühlke-Straße 7
99095 Erfurt, Deutschland
produktsicherheit@kolibri360.de